Ruth Moschner

Süße Märchen

oder wie ich mich glücklich nasche

Eulenspiegel Verlag

Dank an
Designhaus Berlin, Wolfgang Mittwoch
und an
Küchenstudio „Küchenfee“, Heike Graebe

Fotos: Designhaus Berlin GbR
Vignetten: Erika Baarmann

Quellen:
www.theobroma-cacao.de
www.sweetart.de
www.wikipedia.de

Inhalt

Rezepte und Märchen

So fing alles an …

Schon als Kind hatte ich eine enge Beziehung zu Süßem. Allerdings nicht im gewöhnlichen Sinne des Verzehrs. Ich liebte es, Torten zu backen. Tagelang stand ich in der Küche und backte, rührte und formte die schönsten Kunstwerke aus Teig und Schokolade. Torten als Geburtstagsgeschenk für die Großeltern, Plätzchen für den Nachmittagstee, Kuchen für Freunde und Bekannte. Ein ungewöhnliches Hobby für eine Zehnjährige, aber dafür kann ich nicht stricken!

Irgendwann wurden mir die Konditoreiwaren jedoch zu sperrig, und ich widmete mich der kleinsten und feinsten Form der süßen Verführung: der Pralinenherstellung. Mein Vater hatte den Wunsch nach Maronenpralinen geäußert, und ich war durch sämtliche Konfiserien Münchens gelaufen, um ihm diese Freude zu machen. Vergebens. Also suchte ich ein Rezept, stellte mich selbst in die Küche und zauberte kleine leckere Maronenkugeln, die der Beschenkte mit großer Begeisterung im Mund verschwinden ließ.

Mit der Zeit sprach sich mein Talent für Schokoladenkunst herum, und ich erhalte bis heute regelmäßige Bestellungen zu den üblichen Festtagen von Familienmitgliedern, Freunden und Kollegen. Natürlich stachelte das positive Echo meinen Ehrgeiz an, und ich beschäftigte mich intensiver mit dem Thema. Herkunft, Bohnenvielfalt, ideale Verarbeitungstemperatur, welche Zutat passt, für welches Rezept entscheidet man sich, wie sind die Tricks, was sollte man besser lassen. Mit der frühen Liebe zur Schokolade kam auch die Leidenschaft. Eigentlich doch die ideale Beziehung. Kein Wunder, dass Süßigkeiten oft im Zusammenhang mit dem Wort „Ersatzbefriedigung“ fallen. Schokolade ist flexibel: Man kann sie alleine genießen, zu zweit oder zu dritt, sie ist aber auch nicht eifersüchtig, wenn sie nicht komplett verschlungen wird oder mal für ein paar Tage keine Beachtung findet, obwohl sie die selbstverständlich verdient hätte. Schokolade ist für mich auch keine Sünde, sondern einfach himmlisch …

Der botanische Name theobroma cacao bedeutet übersetzt soviel wie Götterspeise, was uns Sterbliche nicht davon abhalten sollte, ab und zu davon zu naschen. Schließlich macht Schokolade glücklich, schön und sogar gesund! Wichtig ist, dass es sich um gute, dunkle Schokolade mit wenig Zucker und hohem Kakaogehalt handelt.

Das darin enthaltene Phenol verbessert den Cholesterinspiegel, beugt Herzerkrankungen vor, und auch bei einem anderen Herzleiden, dem Liebeskummer, hat das eine oder andere Stückchen Schokolade schon wahre Wunder vollbracht. Tryptophan, ein weiterer Schokoladenbestandteil, lässt den Serotoninspiegel im Gehirn ansteigen. Glückshormone werden produziert. Mittlerweile kann man sich in so manchem Wellness-Tempel sogar mit Schokolade massieren lassen. Kakaobutter ist auch in fast jeder guten Hautcreme enthalten.

Es gibt ausreichend Argumente, dem Genussmenschen in sich ab und zu mal ein kleines Geschenk zu bereiten. Oder Sie überraschen Ihren Liebsten mit selbst gemachtem Konfekt. Schon Madame Pompadour hat auf die aphrodisische Wirkung von Schokolade vertraut. Ob's wirklich geholfen hat, wer weiß, zumindest wird der Verzehr ein sinnlicher Genuss gewesen sein.

Sollte Ihnen bei der Herstellung des Konfekts anfangs einiges aus der Form geraten, geben Sie nicht auf. Da ich dieses Hobby schon seit Jahren betreibe und mir anscheinend etwas schokoladiges Feingefühl in die Wiege gelegt wurde, habe ich mittlerweile den Dreh raus. Aber auch bei mir geht mal was daneben. Der Vorteil: bei diesen Pralinenrezepten hat man ca. 60 bis 100mal die kleine Chance, es richtig zu machen.

Warum ich zu jedem Rezept ein Märchen geschrieben habe? Ich liebe Märchen genauso wie Schokolade, denn sie gestatten einem für einen kurzen Moment in fremde, ferne Welten abzutauchen. Und so, wie man Schokolade alleine oder gemeinsam genießen kann, lassen sich Märchen auch mit dem Partner oder mit Freunden zusammen lesen. Dauert ja nicht allzu lange. Mit oder ohne Praline – mit Sicherheit ein Genuss.

Zur Geschichte der Schokolade

Viele denken, dass die Urschokolade ihre Geburtstunde bei den Maya hatte, doch es gibt Hinweise, dass die Geschichte des Kakaos als Genussmittel bereits 1500 vor Christi Geburt bei den Olmeken begann. Die siedelten im feuchten Tiefland der mexikanischen Golfküste und waren ein cleveres Völkchen mit großem Verstand für Mathematik, Schriftformen und Ernährungswissenschaft. Sie wussten bereits die Wirkung von Schokolade zu schätzen und liebten ihren flüssigen heißen kakawa.

Erst etwa 1800 Jahre später kamen die Maya und später auch die Azteken auf die Idee, Xocolatl zu genießen. Das Kakaogetränk wurde meist mit Gewürzen wie Chilischoten verfeinert und ohne Süßungsmittel dem Adel und den Stammesoberhäuptern serviert. Als besonders lecker galt ein Schaumkrönchen aus Kakaobutter, doch auch die machte das bittere Getränk nicht süß. Vielleicht wurde es deshalb auch bei Stammesritualen den Göttern geopfert, die sich über süße Pralinen wahrscheinlich mehr gefreut hätten. Ich möchte hier aber nicht mutmaßen, die Geschmäcker sind schließlich verschieden.

Die Kakaobohnen dienten den Maya übrigens auch als Zahlungsmittel und machten so den Weg über Mittel- und Südamerika hinaus. Unter spanischer Herrschaft im Jahre 1545 waren die Bohnen von hohem Wert. Eine einzelne Bohne hatte beispielsweise den Gegenwert einer Tomate, für 200 Stück bekam man einen Truthahn.

Trinken mochten die Spanier den Kakao aber vorerst nicht, allerdings konnten sie sich damals auch nicht mit dem Geschmack von Mais anfreunden. Wie gut, dass sich irgendwann einmal die Kulturen und Sitten vermischt haben, sonst gäbe es heute weder Popcorn im Kino noch Konfekt! Als dann der Zucker zum Kakao kam, eröffnete die erhöhte Nachfrage die wunderbare Welt des Handels. Auch die Medizin machte von der Schokolade Gebrauch und sagte ihr und den darin enthaltenen Substanzen heilende Wirkung bei Fieber oder Koliken nach.
Dies löste eine wahre Schokohysterie aus. Selbst die katholische Kirche blieb davon nicht verschont, und die unterschiedlichen Päpste hatten für die Glaubensanhänger die Frage zu beantworten: Ist die

Schokolade ein Getränk oder eine Speise? Die erste Variante siegte, und so durfte auch während der Fastenzeit eifrig vom Göttertrunk genascht werden.

In Deutschland konnte man Schokolade bis zum 17. Jahrhundert nur in der Apotheke kaufen. Erst ein Holländer machte sie in einem Kaffeehaus als reines Genussmittel zugänglich. Trotzdem blieb sie aufgrund ihres hohen Preises nur den Reichen vorbehalten. Den Schönen sicher auch, wenn sie sie von den Reichen geschenkt bekamen. Zu den größten Anhängern gehörte seinerzeit neben Friedrich dem Großen auch Johann Wolfgang von Goethe, der immer etwas Schokolade bei sich hatte. Wegen der Gesundheit, versteht sich!

Dank der englischen Firma Fry, dem Holländer van Houten und dem Schweizer Suchard entwickelte sich über Jahrzehnte hinweg die Schokoladentafel, die erst per Handarbeit und später maschinell hergestellt werden konnte. Immer mehr Rezepturen und Methoden wurden kreiert, um den steigenden Bedarf zu stillen. Das bisherige Abfallprodukt Kakaobutter wurde untergemischt, die Milchschokolade mit Hilfe von Milchpulver hergestellt und vieles mehr. Die Karriere der theobroma cacao war unaufhaltsam.

Rodolphe Lindt setzte dem Ganzen die Krone des Genusses auf. Mit seinen speziellen Gerätschaften gelang ihm ein Mischverfahren, dank dessen wir uns die Schokolade auf der Zunge zergehen lassen können.

Auch wenn Schokolade heute für jeden erschwinglich ist, sollte man sich stets ihres Wertes bewusst sein. Denn nach wie vor erfordert die Gewinnung von Kakao höchste Sorgfalt. Die Bäume mit den schotenförmigen Früchten, die die kostbaren weißen Bohnen umhüllen, tragen erst nach vier bis fünf Jahren und sind äußerst sensibel. Regen, Temperaturabfall unter 16 Grad oder Insektenplagen, alles kann die Ernte des kostbaren Gutes negativ beeinflussen.

Rezept für Trink-Schokolade

Zutaten (für eine Person)

200 ml Milch (Kuh-, Ziegen-, Schaf-, Reis-, Soja- oder Hafermilch)
ein ordentlicher Schuß (¼ Tasse) Sahne oder Kokosmilch
Mark ¼ Vanilleschote
50 g dunkle Schokolade oder 1 TL ungesüßtes Kakaopulver
Nach Belieben 1 TL Honig, Fruchtdicksaft, Zucker oder ähnliches

1. Die Milch mit der Sahne und der Vanille zum Kochen bringen.
2. Die Schokolade oder das Kakaopulver darin auflösen.
3. Mit Süßmittel abschmecken.

Tipp

Nach Belieben kann jetzt mit Cayennepfeffer, Chili, Kardamom, Zimt oder ähnlichem gewürzt werden, muss aber nicht sein.

Besonders lecker wird die Schokolade, wenn man sie mit dem Pürierstab kurz aufschäumt. Wer keinen hat, kann sie stattdessen in einen verschließbaren Behälter füllen und wie ein Barkeeper ordentlich schütteln.

Kalt schmeckt die Trinkschokolade übrigens auch! Dazu einfach abkühlen lassen, ein paar Eiswürfel dazu und ab in den Mixer!

Werkzeuge und Hilfsmittel

Backpapier

Backpapier eignet sich hervorragend zum Trocknen und Backen der Süßigkeiten, da es bereits vorgefettet ist und die filigranen Pralinen nicht kleben bleiben können. Denken Sie aber daran, das Papier nach dem Backen sofort vom heißen Blech zu nehmen, sonst backt das jeweilige Gebäck nach und Sie verpassen den richtigen Garzeitpunkt.

Essstäbchen

Heben Sie sich beim nächsten China-Bringdienst-Abend ein paar Stäbchen auf. Diese eignen sich hervorragend, Schokolade beim Schmelzen umzurühren oder Zutaten unterzumischen, da sich anders als beim Schneebesen nichts darin verfangen kann.

Glas mit heißem Wasser

Bei der Verarbeitung und beim Verzieren von Schokolade sollten die Küchenwerkzeuge (Messer, Melonenkugelausstecher usw.) immer wieder vom Material gesäubert werden. Heißes Wasser erhitzt das Gerät, mit dem gerade gearbeitet wird, die Schokolade schmilzt leicht an und lässt sich so besser schneiden oder formen.

Handrührgerät

Das hat mit Sicherheit jeder im Haus, wenn nicht, ist eben Handarbeit angesagt. Gibt kräftige Oberarme, ist aber auf Dauer etwas anstrengend.

Hohlkörper

Hohlkörper kennt jeder als Schoko-Osterhasen oder Weihnachtsmann. Es gibt sie aber auch als Schokoladen-Hohlförmchen. Sie bestehen aus dünner Schokolade, und man kann sie leicht mit Konfekt oder Ganachecreme füllen. So umgehen Sie das lästige Überziehen mit Kuvertüre, und es sieht immer perfekt aus. Es gibt sie in guten Konfiserien und via Internet zu kaufen. Fragen Sie am besten bei einer Schokoladenfirma Ihres Vertrauens nach, wo Sie welche in guter Qualität bekommen.

Lebensmittellack

Lebensmittellack oder Goldspray dient nicht nur der Optik der Praline. Der Zuckerguss macht das Bonbon haltbarer. Den Lack gibt es im Fachgeschäft, oder man bestellt ihn einfach übers Internet.

Melonenkugelausstecher

Eine kluge Erfindung, die nicht nur bei Früchten für reizvolle Dekoration sorgt. Sieht aus wie ein Eiskugelformer, nur ein paar Nummern kleiner, und funktioniert wesentlich besser als der oft empfohlene Teelöffel. Mit dem Melonenausstecher lassen sich perfekt runde Kugeln formen! Nicht vergessen: zwischendurch in heißes Wasser tauchen. Dann geht's noch besser. Erhältlich im Küchenfachgeschäft oder in der Haushaltwarenabteilung.

Messer

Ein großes, scharfes, schweres Messer ist teuer, aber sinnvoll, da sich damit viel besser arbeiten lässt. Wer es sich nicht selbst kaufen kann, setzt es einfach auf die Geburtstagsliste. Sollen die Freunde oder Verwandten zusammenlegen, schließlich gibt's dafür später auch ein paar Pralinchen. Ganz wichtig: bei geschenkten Messern muss dem Spender mindestens ein Cent zurückgegeben werden, sonst bringt es Unglück. Alter Aberglaube, aber man weiß ja nie.

Der Mörser

Ein Mörser ist einfach unentbehrlich. Ich habe einmal einen Granitmörser zum Geburtstag geschenkt bekommen (schon wieder Geschenke, ich weiß, aber das ist eine gute Methode, freigebige Engelchen im Bekanntenkreis glücklich zu machen). Hiermit kann man die Gewürze und Kräuter frisch zerstoßen. Das Aroma ist dadurch intensiver als bei fertig gekauftem Pulver.

Pralinengabel, Schaschlikspieß und Rouladennadel

Pralinengabeln sind empfehlenswert, wenn es um das Eintauchen von Süßem in Kuvertüre geht. Die Anschaffung ist aber relativ teuer. Ich hatte jahrelang auch keine und habe stattdessen eine normale Gabel verwendet. Dadurch geht allerdings mehr Kuvertüre verloren. Besser ist ein Schaschlikspieß oder eine Rouladennadel.

Pralinengitter und Seidenstrümpfe

Das Abtropfen ist die härteste Probe bei der Konfektherstellung. Das süße Ding ist fertig, aber man darf es noch nicht essen! Der Vorteil eines Pralinengitters ist, dass die Stäbe wesentlich filigraner als bei einem normalen Backgitter sind. Die Praline liegt sicher und kann nicht verrutschen. Außerdem lässt sich durch Herumrollen auf der noch flüssigen Kuvertüre ein originelles Muster erzeugen.

Ein etwas ungewöhnlicher Tipp: Seidenstrümpfe (natürlich ungetragene) eignen sich hervorragend als Abtropfsieb für kleine in Schokolade getauchte Dinge wie Pfefferkörner und Trockenobststückchen. Einfach das gewünschte Kleinteil in Schokolade tauchen, auf die straff gezogene Strumpfhose geben und solange herumrollen, bis die Hülle fester wird. Dann trocknen lassen.

Silikonpinsel

Zum Bepinseln von Pralinen oder Plätzchen ist ein hitzeresistenter Silikonpinsel perfekt (auch beim Grillen zum Bestreichen von Fleisch verwendbar). Er hinterlässt keine Haare auf dem Naschwerk und kann nach Gebrauch sogar in die Spülmaschine.

Spritztüte aus Papier

Für Verzierungen aus Schokolade direkt auf der Praline eignen sich Papierspritztüten hervorragend. Diese sind ganz einfach selbst herzustellen. Rechteck aus Backpapier – einmal falten – gerade Stelle darüber – umknicken – Spitze abschneiden – fertig.

Stanniolförmchen

Für besonders weiches Konfekt oder etwas ungeübte Finger empfiehlt sich der Kauf von Stanniolförmchen oder Pralinenkapseln. Ich bestelle meine im Internet, Sie können aber auch im Schreibwarenladen oder in gut sortierten Kaufhäusern nachfragen. Förmchen aus Papier tun es auch, sind aber nicht so stabil, so dass sie sich für cremige Füllungen weniger eignen. Zur Aufbewahrung und zum Dekorieren sind sie gut verwendbar.

Teigschaber

Eine Investition, die Geld spart, da man mit diesem Gerät auch den letzten Rest an Soße, Teig oder Schokolade aus dem Topf bekommt und somit nichts verloren geht. Kinder allerdings hassen Teigschaber, weil das Schüsselauslecken damit quasi entfällt

Das Wasserbad

Schokolade darf niemals direkt im Topf geschmolzen werden. Das gibt Klümpchen und im schlimmsten Fall eine verräucherte Wohnung. Gut sind spezielle Schüsselabdeckungen mit einem Loch in der Mitte, in das man ein kleineres Töpfchen mit der Schokolade hängen kann. Das verleiht dem Ganzen Stabilität, und die Gefahr, dass Wasser in die Schokolade spritzt, ist gebannt. Improvisieren geht aber auch.

Tipps und Tricks zur Herstellung von Pralinen

Grundsätzlich gilt hier die gleiche Regel wie in jeder guten Küche: Je hochwertiger die Zutaten, desto besser das Produkt.

Die Schokolade

Die meiner Meinung nach besten Kakaobohnen kommen aus Ekuador und Tobago. Die daraus gemachte Schokolade ist besonders mild und schmeckt noch bei einem Kakao-Anteil von bis zu 75%. Andere Schokoladen sollten eher bei einem Gehalt zwischen 60 und 70% liegen, sonst werden sie zu bitter. Der hohe Kakaoanteil hat zusätzlich den Vorteil, dass die Lust auf Schokolade schnell nachlässt. Weil Vollmilch- oder gar weiße Schokolade eher fett- und zuckerreich sind, aber kaum Kakao enthalten, „brauchen" wir davon wesentlich mehr, um den Schoko-Hunger zu stillen. Oder haben Sie schon mal jemanden eine ganze Tafel Bitter-Schokolade verputzen sehen? Eben.

Ich selber bin ein Bio-Fan, da ich mit dem Kauf ökologischen Anbau unterstützen möchte und die Erfahrung gemacht habe, dass viele Produkte einfach „echter" und gehaltvoller schmecken. Ganz abgesehen davon, dass man mit dem Bio-Siegel auch etwas für seine Gesundheit tun kann. Ja, Sie haben richtig gelesen! Süßes muss nicht unbedingt schädlich sein.

Der Zucker

Statt klassischem weißem Zucker verwende ich ausschließlich Rohrohrzucker. Weil er nur einmal raffiniert wurde, enthält er zumindest noch ein paar Mineralien. Er ist eine Nuance dunkler als der Industriezucker, den Sie aus dem normalen Supermarkt kennen. Geschmacklich ist kaum ein Unterschied festzustellen. Noch verträglicher ist der so genannte Vollrohrzucker. Der Saft aus Zuckerrohr wurde hierfür nur ausgepresst und eingedickt. Vollrohrzucker enthält zehnmal so viele Mineralien wie Honig! Er hat aber auch einen Eigengeschmack, der ein wenig an braunen Zucker erinnert.
Trotzdem ist Zucker ein Gut, mit dem man sparsam umgehen sollte, denn Kohlehydrate sind nun mal Kohlehydrate. Zucker geht direkt ins Blut, und wenn man nicht gerade einen Marathon vor sich hat, wandert er auf die Hüften.

Haltbarkeit

Beim Einkauf der frischen Zutaten, wie Butter, Sahne oder anderen schnell verderblichen Stoffen, sollte man unbedingt auf ein langes Haltbarkeitsdatum achten. Also immer im Kühlregal gaaaanz nach hinten greifen. Die Lebensdauer einer Praline ist zwar in den meisten Fällen brutal kurz, es gibt aber durchaus Menschen mit großer Widerstandskraft, und auch die sollten doch lange etwas von den Schoko-Wundern haben.
Bei der Verwendung von Milchprodukten bin ich schon vor Jahren auf Ziegen- oder Schafsmilch umgestiegen. Das ist wesentlich gesünder für Cholesterinhaushalt und Immunsystem. Geschmacklich werden selbst Skeptiker kaum einen Unterschied merken. Veganer oder besonders Experimentierfreudige können auch zu Hafer- oder Reismilch greifen. Aber selbstverständlich können Sie auch bei Kuhmilch bleiben.

Die Vorbereitung

Stellen Sie zu Beginn der Herstellung alle Zutaten auf der aufgeräumten sauberen Arbeitsplatte bereit. Das entspannt die Gesamtsituation ungemein. Zwei Hände sind manchmal eindeutig zu wenig, und Multitasking ist nicht jedermanns Sache. Jederfraus übrigens auch nicht. Wischen Sie zur Sicherheit noch einmal mit einem feuchten Lappen über Ihren Küchentisch und die Arbeitsfläche.

Bevor ich mich für ein Rezept entscheide, lese ich es mir komplett durch. So kann ich Einkauf, Zeit und Schwierigkeitsgrad besser einschätzen. Sollten Sie über wenig Erfahrung in der Küche verfügen, nehmen Sie sich anfangs zwei halbe Tage Zeit und beginnen am späten Nachmittag. So kann die Schokomasse über Nacht ruhen.
Finden Sie Gefallen daran, haben Sie die Tricks und Kniffe raus, dann können Sie irgendwann das Pralinenmachen in den Tagesablauf einfließen lassen. Doch die gute Schokoladen-Muse braucht Zeit zum Entfalten. Nicht zu vergessen die Wartezeit fürs Abkühlen, Trocknen, Erwärmen, Frieren, wieder Abtropfen und so weiter …

Die Verarbeitung

Das Arbeiten mit Schokolade lässt sich einer Partnerschaft vergleichen: Anfangs ist es wahnsinnig spannend, aber viele Dinge funktionieren nicht auf Anhieb. Jede Schokolade ist aufgrund ihrer langwierigen Herstellungsprozedur schließlich ein kleines sensibles Individuum, das erkannt und akzeptiert sein will.
Beim Vermengen unterschiedlichster Zutaten ist es sinnvoll, wenn die gewünschten Komponenten die gleiche Temperatur haben. Zu Heißes kann Schokolade verbrennen, zu Kaltes kann Klümpchen verursachen.
Es empfiehlt sich, niemals zu viele Gewürze und Zutaten zusammenzumischen, da sich intensive Komponenten gegenseitig auf die Füße treten. Nicht alles harmoniert miteinander, manches hebt sich auf oder die eine überdeckt die andere Zutat. „Weniger ist mehr“ gilt also auch hier.
Reizvoll sind ungewöhnliche Variationen mit Pfeffer und Chili. Am liebsten kombiniere ich Chili mit etwas Fruchtigem, Pfeffer mit herber Schokolade. Ihnen sind aber keine Grenzen gesetzt. Seien Sie mutig und probieren Sie aus, indem Sie von den vorgegebenen Rezeptzutaten einen kleinen Teil beiseite lassen und nach Herzenslust variieren.
Beim Rollen, Zerteilen oder Anfassen der Pralinen empfiehlt es sich, die Hände zwischendurch mit kaltem Wasser abzuwaschen. Dadurch bleibt nicht soviel Masse kleben und die Schokolade schmilzt nicht sofort. Schließlich wollen wir doch keine Fingerabdrücke auf den Süßigkeiten hinterlassen!

Die Optik

Sollten Sie keine Lust auf das Überziehen der Praline mit Schokolade haben, können Sie auf zwei Alternativen zurückgreifen: Entweder kaufen Sie Pralinenförmchen oder -hütchen aus Stanniolpapier. Die stabile Hülle lässt sich mit Hilfe der Spritztülle mit Konfekt füllen. Oder Sie besorgen sich Schokoladen-Hohlförmchen. Achten Sie allerdings auf gute Schokoladenqualität, denn auch die Hohlform trägt zum Geschmackserlebnis bei.

Sollten Ihnen Pralinen einmal misslingen, hilft immer noch:

In Puderzucker oder Kakaopulver wälzen

oder

Helle Schokolade schmelzen und mit einem Teelöffel in ruckartigen Bewegungen über die Kugeln spritzen. Sieht spektakulär aus und verdeckt die eine oder andere Unebenheit!

Beim Dekorieren sind Ihnen keine Grenzen gesetzt. Sie können getrocknete Früchte in Streifen schneiden und auf das fertige Bonbon geben, solange die Schokolade noch flüssig ist. Oder Sie malen kleine Tupfen oder Muster mit Schokolade auf die Praline. Dafür sollte die Hülle allerdings bereits trocken sein, sonst verlaufen die beiden Schokoladen ineinander. Das kann unter Umständen phantastisch aussehen, erfordert aber etwas Übung. Oder Sie wälzen die Trüffelkugeln in Puderzucker, Kakao oder Kristallzucker. Liebesperlen sind ebenfalls sehr dekorativ.

Aufbewahrung

Die meisten Pralinen gibt man zur Aufbewahrung in spezielle Papierförmchen. Das sieht nicht nur nett aus, sondern verhindert auch ein Zusammenkleben der Schokoladen-Teilchen.
Bewahren Sie die Pralinen an einem kühlen, trockenen Ort auf. Sollten Sie den Kühlschrank bevorzugen, achten Sie auf eine luftdichte Verpackung, da das Konfekt sonst den Kühlschrankgeruch annimmt.

Bausteine und Basiswissen

Einige Zutaten werden immer wieder benötigt, daher bietet es sich an, ein paar Grundbestandteile im Haus zu haben. Außerdem gibt es Schokomischungen, die zur Eigeninitiative einladen. Damit die Nascherei nicht eintönig wird, hier ein paar Basisrezepte, mit denen man experimentieren kann.

Trüffel- oder Ganachebasis (Schokoladencreme)

Diese Creme kann als Basis für verschiedene Konfekte, Pralinen, Torten- oder Hohlkörperfüllungen verwendet werden. Schokolade und süße Sahne werden zu gleichen Teilen verwendet. Wer möchte, kann den Schokoladenanteil vergrößern und etwas Butter hinzufügen. Dafür die Schokolade mit einem großen schweren Messer zerkleinern. Danach wird die Sahne aufgekocht und über den Schokobruch gegossen und gut verrührt. Ist die glatte, glänzende Masse abgekühlt, unter Rühren die Butter hinzufügen und je nach Bedarf weiter verarbeiten. Nach Belieben Alkohol, Nüsse oder Gewürze hinzugeben.
Übrigens, je mehr man rührt, umso fester wird die Konsistenz der Trüffelmasse! Für eine weiche Masse empfiehlt es sich, nur mit einem normalen Holzlöffel oder Stäbchen zu rühren, das elektrische Handrührgerät ist dafür zu schnell.

Zuckersirup

Zuckersirup oder Läuterzucker, nicht zu verwechseln mit Melasse, ist ein Zuckergemisch, welches sich hervorragend für die Verarbeitung mit Schokolade eignet. Durch seine sirupartige Konsistenz lässt er sich einfacher unter die Konfektmasse mischen. In einem Gefäß mit Deckel kann man den Zuckersirup im Kühlschrank mehrere Monate aufbewahren.

Zutaten für einen Liter

500 g Rohrohrzucker
500 ml Wasser
½ TL Ascorbinsäure, als Vitamin C Pulver (kann auch weggelassen werden, verlängert aber die Lebensdauer des Produkts)

Zubereitung

Zucker, Wasser und Säure etwa eine Viertelstunde vor sich hin köcheln lassen. Auf der Oberfläche bildet sich mit der Zeit trüber Schaum. Diesen abschöpfen und entsorgen. Eventuell den fertigen Sirup durch ein feines Sieb/Baumwolltuch filtern. Abgekühlt kann er jetzt in ein verschließbares Gefäß gefüllt oder weiter verarbeitet werden.

Tipp

Mit dem Sirup lassen sich auch Drinks und Cocktails mixen!

Gewürze

Man kann fertigen Vanillezucker verwenden oder pulverisierte Gewürze in die Schokolade rühren. Allerdings sind diese Zutaten weniger intensiv. Die ätherischen Öle, die sich in jedem Kraut oder Gewürz befinden, sind teilweise verflogen, und die Wirkung ist nur noch beschränkt vorhanden. Daher ist es ratsam, die Zutaten im Ganzen zu besorgen. Vor der Verarbeitung werden die Gewürze im Mörser zerstoßen und dann untergerührt.

Kuvertüre

Kuvertüre gibt es in jedem Supermarkt zu kaufen. Ist einmal keine zur Hand, lässt sie sich ganz einfach mit Schokolade und Fett herstellen. Dafür einfach die zerkleinerte Schokolade pro 150 Gramm mit einem EL Kokosfett oder neutralem Öl, z.B. Sonnenblumenöl, verschmelzen lassen. Auch eine Version aus Kakaopulver und Kokosfett ist möglich, davon würde ich aber abraten, wenn man nicht über jahrelange Erfahrung als Konditor verfügt. Die perfekte Konsistenz hinzubekommen ist wirklich schwierig. Je mehr Fett, desto dünner wird die Kuvertüre und damit auch die äußere Schicht um die Praline herum.

Besonders glänzend und fest wird die Kuvertüre, wenn man sie zweimal erhitzt. Dafür die Schokolade klein hacken und über dem Wasserbad schmelzen, anschließend die Masse auf die saubere Arbeitsfläche geben und abkühlen lassen. Hat die Kuvertüre etwa Raumtemperatur erreicht, mit einem Spatel von der Platte kratzen und wieder in die Schüssel geben, erneut über heißem Wasser schmelzen und dann wie gewohnt verwenden.

Interessant ist es, Kuvertüre mit Gewürzen wie z.B. Zimt, Chili, Nelkenpulver, Pfeffer oder Anis zu aromatisieren. Man gibt einfach beim Schmelzdurchgang die gewünschte Zutat hinzu. Abschmecken, fertig!

Sie können Pralinen auch zweimal mit Schokolade überziehen. Entweder mit der gleichen Sorte, das ergibt dann eine besonders stabile Hülle, oder mit einer anderen, helleren beziehungsweise dunkleren Sorte. Für Genießer, die die Praline nicht komplett in den Mund nehmen, sondern abbeißen, hat das einen schönen optischen Effekt.

Alternative Süßmethoden

Agaven-, Apfel- oder Birnendicksaft

Agaven, Apfel- oder Birnendicksaft ist nichts anderes als flüssige Fruchtsüße mit einer etwas stärkeren Süßkraft als herkömmlicher Zucker. Während der Saft der Agave relativ geschmacksneutral ist, merkt man dem Apfel und der Birne die fruchtige Herkunft im Geschmack an. Im Vergleich zu Zucker enthalten diese Dicksäfte etwa ein Drittel weniger Kalorien, dafür aber wesentlich mehr Vitamine und Mineralstoffe.

Honig

Honig hat einen starken Eigengeschmack, demzufolge empfehle ich die Verwendung nur, wenn es passt. Ich nehme ihn gerne bei Keksen oder bei speziellem Konfekt wie den Honigtrüffeln. Da darf er aber auch der Star sein!

Übrigens: Laut deutscher Honigverordnung darf dem Honig nichts weggenommen und nichts hinzugefügt werden. Ist das nicht schön? Ein reines Naturprodukt also.

Kalorientechnisch ist er dem Zucker vorzuziehen, weil er ein Viertel weniger Kalorien enthält. Zwar kann das Bienenprodukt nicht mit vielen Vitaminen glänzen, die vorhandenen tragen aber in ihrer Zusammenstellung zu einer optimalen Verwertung bei. Als Energielieferant ist Honig angeblich sogar besser als Traubenzucker, da er effektiver und langsamer vom Körper verarbeitet werden kann.

Stevia

Nahezu keine Kalorien hat Stevia, auch bekannt als Süßkraut. Dieses Pflänzchen entdeckte ich in der Kräuterecke eines Baumarktes und informierte mich über seine besonderen Eigenschaften. Ursprünglich kommt Stevia aus Brasilien und Paraguay, in Japan süßt man damit schon seit Jahren. Vielleicht sind ja deshalb alle so schlank dort! Bei uns gibt es das Kraut auch getrocknet im Reformhaus zu kaufen. Produkte mit Stevia sind in Deutschland noch nicht zugelassen. Hier eine einfache Rezeptur:

Zutaten für 500 ml Stevia-Süßstoff:

- 50 g getrocknete Steviablätter
- 600 ml Wasser

Die Steviablätter ins kochende Wasser geben und ein paar Minuten köcheln. Danach abkühlen lassen und den grünen Sud in ein sauberes, verschließbares Gefäß geben. Im Kühlschrank hält sich der Süßstoff mehrere Wochen.
Stevia ist 300mal süßer als Zucker, in der Anwendung also ähnlich wie Süßstoff zu dosieren.

Topinamburdicksaft

Neben Stevia ist Topinamburdicksaft der Spitzenreiter unter den schlanken Süßmachern. Auf 100 ml kommen gerade mal 20 Kilokalorien. Außerdem kurbelt die „Jerusalem-Knolle" den Fettstoffwechsel an, enthält unzählige Vitamine und Mineralstoffe und hilft gegen Heißhunger. Vielleicht haben Sie schon einmal Topinambur in Verbindung mit Bio-Appetitzüglern im Reformhaus gesehen oder ausprobiert. Ich selber halte nichts von Diäten, mag aber gesunde Sachen. Allerdings sollte man bei der Verwendung von Topinamburdicksaft wissen, dass er über einen starken Eigengeschmack verfügt, vergleichbar etwa mit Zuckerrüben- oder Ahornsirup. D.h., die Verwendung verändert den Grundgeschmack der Rezepte.

Bitte ersetzen Sie Zucker niemals mit Süßstoff. Der Körper erhält beim Konsum von Süßstoff das Signal, Insulin auszuschütten. Da keine Zuckerinhaltsstoffe vorhanden sind, bekommen wir Heißhunger und essen danach noch mehr. Glauben Sie nicht? Achten Sie einfach mal drauf und schicken mir dann eine Postkarte.

Aromatisierter Zucker

Aromatisierter Zucker verleiht dem Konfekt die passende Note, kann aber auch Kaffee, heiße Schokolade oder Tee zum besonderen Geschmackserlebnis werden lassen. Einfach die gewünschte Menge Zucker in ein gut verschließbares Gefäß geben und mit der entsprechenden Zutat versehen. Spätestens am nächsten Tag ist der Zauber perfekt. Es ist quasi das gleiche Prinzip wie beim Kräuteröl.
Für Vanillezucker reichen die ausgelösten leeren Schoten völlig aus, um dem Zucker den nötigen Vanilleduft zu verleihen.
Lavendelzucker bekommt man, indem man zwei Teelöffel getrocknete Lavendelblüten auf eine Tasse Zucker verteilt. Und so funktioniert es mit gemahlenen Gewürzen oder Tee auch.

Natürliche Konservierungsmethoden

Alkohol ist das Konservierungsmittel für Konfekt schlechthin. Bakterien haben hier keine Chance, und die Praline ist mindestens vier Wochen haltbar.

Erhitzen ist ebenfalls eine gute Methode, da durch die Wärme Keime abgetötet werden. Wer also ganz sicher sein möchte, lässt z.B. Sahne mehrere Minuten einreduzieren oder kauft bereits fertig pasteurisierte Produkte.

Auch Salz verhindert, dass sich Bakterien ausbreiten können. Sie werden es in meinen Rezepten wieder finden, da ich die Kombination von süß und salzig hervorragend finde. Keine Sorge, die Dosierung ist so gering, dass es Ihnen nicht negativ auffallen wird.

Zucker konserviert übrigens auch. Er bindet Flüssigkeit und wirkt dadurch lebensverlängernd.

Zitronen- oder Weinsteinsäure sind hilfreich, da Bakterien nichts Saures mögen, verändern aber den Geschmack der Süßigkeit erheblich. Deshalb sind sie nur eingeschränkt einsetzbar. Weinsteinsäure bekommt man im Fachgeschäft, für Zitronensäure einfach Vitamin-C-Pulver aus der Apotheke besorgen.

Achten Sie grundsätzlich auf Sauberkeit und bewahren die Schätze an einem trockenen Ort auf. Sollten Sie unsicher sein, entscheiden Sie sich für den Kühlschrank, im schlimmsten Fall bekommen ihre Pralinen davon eine etwas weißliche Färbung (Zuckerreif), die durch Kondensation verursacht wird, verändern sich aber im Geschmack nicht.

Jasmintee-Trüffel

mehr Zeitaufwand

Zutaten

6 EL Jasmintee, Sorte kann nach Belieben variieren
150 ml süße Sahne
300 g dunkle Schokolade
100 g Butter
100 g Zuckersirup
Nach Belieben: eine Handvoll gehackte Mandeln
Schokohohlkörper oder dunkle Schokolade zum Überziehen

Tipp

Grüner Tee hat eine ähnliche Wirkung wie Kaffee und fördert die Konzentration! Außerdem weckt er die Lebensenergie und wirkt sich harmonisch auf das Ying und Yang im Körper aus.

Varianten

Wer die Trüffel lieber quadratisch haben möchte, schlägt die Masse noch einmal kurz mit dem elektrischen Handrührgerät auf und gibt sie dann auf ein mit Backpapier oder Alufolie ausgelegtes Blech. Für mindestens zwei Stunden geht es damit in den Kühlschrank, bis die Masse schnittfest ist. Dann die Trüffel in quadratische Stücke schneiden und mit Kuvertüre überziehen. Fest werden lassen!

1. Den Jasmintee dreimal mit Wasser aufgießen, damit keine Bitterstoffe mehr entstehen können. Achten Sie beim Aufgießen darauf, dass das Wasser nicht mehr kocht, verrühren Sie die Blätter gut und warten dann ein paar Augenblicke. Den ersten Aufguss gießen Sie weg, den zweiten und dritten können Sie sogar trinken, wenn Sie Lust dazu haben. Das mehrfache Aufgießen bedeutet zwar ein bisschen Arbeit, lohnt sich aber für den späteren Geschmack der Trüffel ungemein. (Sollten Sie normalen schwarzen Tee verwenden, entfällt dieser Vorgang, denn der wird nicht so bitter. Den schwarzen Tee kochen Sie etwa eine Minute mit der Sahne auf und lassen die Mischung noch etwa drei Minuten ziehen.)

2. Die Sahne nun in einem kleinen Topf aufkochen, vom Herd nehmen und die Teeblätter dazu geben. Für mindestens zwei Stunden gut durchziehen lassen, ideal ist die ganze Nacht über.

3. Die Schokolade klein hacken und in eine Schüssel geben. Mit dem Zuckersirup und der Butter über dem Wasserbad auflösen, so dass eine glatte, glänzende Masse entsteht. Zuletzt je nach Wunsch die Mandeln unterrühren, schmeckt aber auch ohne. Abkühlen lassen.

4. Die Tee-Sahne-Mischung durch ein Sieb über die Trüffelmasse gießen. Dabei die Teeblätter gut ausdrücken und entfernen. Das Ganze kurz mit dem elektrischen Handrührgerät verquirlen.

5. Die Trüffelmasse mit Hilfe einer Spritztülle in Schokoladenhohlkörper geben. Mit Kuvertüre verschließen. Fertig. Eine optische und geschmackliche Variante ist es, für den „Verschluss" helle Kuvertüre zu verwenden. So haben die Trüffel einen weißen Sockel.

Die Geschichte von Sashiko

Vor vielen Jahren lebte in einem kleinen Dorf in Japan eine junge Frau namens Sashiko. Ihre Eltern hatte sie vor einiger Zeit bei einem schrecklichen Erdbeben verloren, und so kümmerte sie sich allein um ihre kleinen Geschwister. Auch das Haus, in dem sie gelebt hatten, war zerstört. Die Kinder brauchten ein Dach über dem Kopf, und sie mussten ernährt werden. Für Sashiko blieb kaum Zeit für Trauer. Jeden Tag verbrachte sie Stunde um Stunde auf den Reisterrassen, und wenn sie abends todmüde und mit schmerzendem Rücken nach Hause kam, umsorgte sie ihre jüngeren Geschwister. Um ihrer kleinen Familie eine Unterkunft zu bieten, hatte Sashiko bei einem Großgrundbesitzer einen Kredit aufnehmen müssen.

Da traf es sich gut, dass Sashiko mit einem ausgesprochenen Talent zum Backen gesegnet war. Erst aus Mitleid mit den verwaisten Kindern, bald aber aus Begeisterung und Appetit kauften die Dorfbewohner das Jasmingebäck, das Sashiko des Nachts buk. Die kleineren Geschwister übernahmen die Lieferungen an die Dorfbewohner. Sie wollten ihre ältere Schwester unterstützen, die Tag und Nacht so schwer arbeitete und deren große dunkle Mandelaugen so oft traurig dreinblickten.

Neben grenzenloser Liebe zu ihrer Familie war Sashiko auch von Schuldgefühlen getrieben. Zur Zeit des Erdbebens war sie mit ihrem Verlobten auf Reisen gewesen. Die Eltern hatten ihr diesen Ausflug geschenkt, damit sie Zeit mit ihrem Zukünftigen verbringen konnte, um ihre Liebe zu prüfen. Sie ahnte nichts von der Katastrophe im heimatlichen Dorf, bis sie zurückkam. Der Verlobte hatte sich schnell verabschiedet. Wenige Wochen später heiratete er ein Mädchen aus dem Nachbardorf und zog fort. Doch Sashiko biss die Zähne zusammen und hatte ihre Pflichten vor Augen. Sie ging täglich zum Reisfeld und buk in den Abendstunden Jasmingebäck, um ihre Schulden für das Haus zu begleichen und den Lebensunterhalt für sich und ihre Geschwister zu erwirtschaften.

Eines Tages kam ein Fremder ins Dorf. Die Dorfbevölkerung beäugte den Mann misstrauisch hinter geschlossenen Fensterläden. Seine Kleidung war zerrissen, Gesicht und Körper waren von Kratzern und Stichen übersät. An seinem rechten Bein klaffte eine notdürftig verbundene Wunde und er humpelte.

Es wurde getuschelt, dass der Fremde von weit her käme. Er sei auf Entdeckungsreisen gewesen, um Pflanzen und Tiere zu erforschen. Unterwegs von Räubern überfallen, sei er der einzige Überlebende der Gruppe. Tagelang habe sich Yutaka, so hieß der Fremde, durch den Dschungel geschleppt, bis er auf dieses Dorf gestoßen sei. Doch trotz der ergreifenden Geschichte und der mitleidigen Blicke wäre es dem Mann in der Zivilisation fast so schlecht ergangen wie im Dschungel. Niemand öffnete dem Fremden sein Herz und schon gar seine Tür.

Als Sashiko von dem Fremden hörte, bot sie ihm an, in ihrem Haus zu rasten, zu speisen, sich zu erholen. Yutaka nahm die Einladung dankbar an und folgte dem stillen höflichen Mädchen in dem weißen Kimono zu ihrem kleinen Haus am Rande des Dorfes. Dort angekommen, steckte Sashiko ihren Gast erst einmal in die Badewanne, kochte reichlich Wasser auf und begann ihn mit der Wurzelbürste zu schrubben. Sie erbat beim Nachbarn neue Kleider für Yutaka, bereitete etwas Gemüse und Reis zu, die der Fremde gierig vor Hunger verschlang. Dann zeigte sie ihm sein Nachtlager in einer kleinen Kammer und zog sich selbst ins Schlafzimmer der Kinder zurück.

Yutaka lebte sich nicht nur in der kleinen Familie gut ein, schon am nächsten Tag begann er den Garten zu bepflanzen, wofür Sashiko bisher nie Zeit gefunden hatte. Er machte sich im Haus nützlich und passte auf die Kinder auf. Im Dorf erfreute sich Yutaka mit seiner freundlichen, hilfsbereiten Art bald großer Beliebtheit und wurde als neuer Mitbewohner und Mitglied in der Dorfgemeinschaft akzeptiert.

Auch auf Sashiko hatte Yutakas Anwesenheit eine wohltuende Wirkung. Sie kam gern nach Hause, unterhielt sich mit ihm, erzählte von ihren Sorgen und fühlte zum ersten Mal seit langem, dass das Schicksal es vielleicht doch gut mit ihr meinte und sie genug gesühnt hatte. Ihre Arbeit ging ihr leichter von der Hand, sie lächelte öfter und ihr Jasmingebäck schmeckte süßer als je zuvor.

Natürlich war es den Klatschweibern nicht entgangen, dass sich Sashiko nach langer Zeit der Entbehrung und des Alleinseins durch eine glückliche Fügung in der Gesellschaft eines jungen Mannes befand. Die beiden lebten nun schon seit Monaten unter einem Dach, und die Frauen heckten die wildesten Geschichten aus. Es brodelte in der Gerüchteküche, und die Köpfe wurden zusammengesteckt, wenn einer der beiden des Weges kam.

Doch längst hatten auch andere Mädchen im Dorf ein Auge auf Yutaka geworfen, vor allem Miyo, die hübsche, verwöhnte und sehr gerissene Tochter des Dorf-Bürgermeisters. Sie war gewohnt, zu bekommen, was sie wollte, und sie beobachtete mit Missgunst die Liebe, die so offensichtlich zwischen Sashiko und Yutaka wuchs.

Je besser es Yutaka ging, um so mehr drängte es ihn, auf den Feldern zu arbeiten, um etwas zu dem kleinen Haushalt beisteuern zu können. Als Miyo sah, dass er die Arbeit auf den Reisfeldern aufnahm, beschloss sie, es sei Zeit zu handeln.

Sie packte ein Päckchen mit Proviant ein, darunter Sashikos Jasmingebäck, und begab sich auf eine Reise zur anderen Seite des Berges, wo, so hieß es in der Legende, ein altes Kräuterweib wohnte, das bewandert war in der Kunst der Zauberei. Sie war sich sicher, dass sie in der Lage wäre, Yutakas Aufmerksamkeit auf sie zu lenken. Sie schilderte der Hexe ihr Anliegen, und gegen ein gewisses Entgelt war diese bereit, einen Trank für Miyo zu brühen, der Yutaka, wenn er ihn zu sich nehme, völlig in ihren Bann schlagen würde.

Der Trank ward gemixt, der Preis bezahlt, und im Überschwang ihres baldigen Erfolgs fragte Miyo, ob die Hexe nicht Tee und Gebäck mit ihr teilen wollte. Als die Hexe einen Bissen von Sashikos Jasmingebäck nahm, reagierte sie nicht mit einem Seufzer der Bewunderung wie die meisten, die es zum ersten Mal probierten. Sie spie das Plätzchen aus, als hätte sie sich die Zunge verbrannt. „Wenn Yutaka dieses Gebäck zu sich nimmt, wird mein Zauber unwirksam sein. Der Jasmin in diesem Gebäck, die Unschuld und das reine Herz, mit dem es zubereitet ist, sind stärker als jeder Zauber."

Die Hexe drängte Miyo zu gehen, und diese hatte auf dem langen Rückweg zum Dorf viel Zeit, über die Worte und die Warnung der Hexe nachzudenken. Sie ersann folgenden Plan: Yutaka arbeitete wie ein Tagelöhner auf dem Feld, obwohl er ein Gelehrter, ein Forscher der Pflanzen war. Der Garten des Bürgermeisters war riesengroß. In ihm gab es einen Jasminbusch, der seit Jahren kränkelte. Miyo lud Yutaka ein, diesen Busch zu begutachten, servierte Tee, in den sie den Zaubertrank mischte, und im Nu verliebte er sich in die Tochter des Bürgermeisters und hatte sein Zuhause am Rande des Dorfes bei Sashiko und ihren Geschwistern vergessen.

Miyo ließ Blumen und Pflanzen aus aller Welt in ihren Garten schaffen, in dem Yutaka nun Tag für Tag arbeitete. Den Jasminbusch aber riß sie des Nachts heraus und warf ihn über die Mauer. Ihren Vater davon zu überzeugen, Sashikos Jasmingebäck künftig nicht mehr zu erwerben, war leicht. Sashiko, die von all dem nichts wusste, war todunglücklich und fand keine Erklärung für das veränderte Verhalten ihres lieben Freundes. Und erst jetzt, wo er fort war, wurde ihr bewusst, wie sehr sie ihn liebte. Ihre Geschwister waren es, die ihr berichteten, dass Yutaka nun bei Miyo lebte, und das Herz tat ihr weh.

Doch damit nicht genug. Miyo wollte Yutaka heiraten. Denn sie traute dem Frieden nicht und sie merkte, dass Yutaka zögerte, wenn er den Jasmin im Dorfe blühen sah oder wenn ihn bei einer zufälligen Begegnung Sashiko mit traurigen großen Mandelaugen ansah.

Die Wochen vergingen. Sashikos Jasmingebäck wurde nicht mehr gekauft, es schmecke bitter, es sei verbrannt, zu salzig, ohne Süße. Dieser Sinneswandel der Dorfbewohner rührte wohl von den Gerüchten aus des Bürgermeisters Haus, der Stein und Bein schwor, seine Tochter sei von diesem Gebäck krank geworden. Bald versiegte für Sashiko diese Einnahmequelle.

Schon munkelte man im Dorf über die Hochzeit, die es bald geben würde, schon kamen Zimmerleute ins Dorf, die den Brautleuten ein neues Haus bauen sollten, schon wurde eine Näherin beauftragt, aus Seide ein Brautgewand zu nähen, schon spekulierten die Klatschweiber darüber, wer denn zum Hochzeitstanz aufspielen sollte. Während Miyo mit hocherhobenem Kopf stolz durchs Dorf wanderte, war Sashiko in ihrem weißen Kimono nur noch ein Schatten ihrer selbst, und nur die Jasminblüte in ihrem Haar verlieh ihr einen Hauch von Leben.

Am Tag der Hochzeit herrschte im Garten des Bürgermeisters seit Sonnenaufgang reges Treiben. Die ersten Gäste kamen, köstliche Speisen und Getränke wurden gereicht. Der Duft von Kirschblüten lag über der ganzen Gesellschaft, und als die Brautleute sich zum ersten Mal zeigten, ging ein Raunen

durch die Menge. Ein so schönes Paar hatte es im Dorf noch nie gegeben.
Noch vor der Trauungszeremonie, so war es Brauch, brachten die Dorfbewohner Geschenke. Es fanden sich Gegenstände für den neuen Haushalt, der Dorftischler hatte ein Bettchen für den zu erwartenden Kindersegen gezimmert, die Frauen brachten Kimonos und Schals in fröhlichen Farben, ein Kind überreichte eine Schale mit Kirschen.
Auch Sashiko war gekommen. Miyo kostete den Triumph über ihre Rivalin aus. „Sashiko, was hast du uns zu unserem Hochzeitstag gebracht?“
Sashiko trat hervor, senkte den Kopf und sprach leise: „Ich habe für euch gebacken.“ Sie hielt einen Teller empor, auf dem die kleinen Jasminkuchen lagen, die den Dorfbewohnern so bekannt waren. Doch bevor Yutaka danach greifen konnte, stieß Miyo den Teller aus Sashikos Hand und rief: „Was tust du, willst du mich vergiften? Schon einmal bin ich von diesen Plätzchen krank geworden, du kannst nicht backen und willst mich und meinen Mann ins Unglück stürzen.“
Sashiko senkte mit Tränen in den Augen erneut den Kopf und wagte es nicht, ihren geliebten Yutaka anzublicken. Sie kniete nieder, um ihr verschmähtes Gebäck aufzusammeln, als auch Yutaka sich niederbeugte, ihr zu helfen. Und als er die Tränen in Sashikos Gesicht sah, nahm er einen Keks und sprach, so als kenne er Sashiko überhaupt nicht: „Liebe Frau, ich bin mir sicher, dass Euer Gebäck köstlich ist.“ Und wie zum Beweis hob er ein Stück Jasmingebäck auf und biss herzhaft hinein.
Die Wirkung hätte stärker nicht sein können. Yutaka sah Sashiko in die Augen, schlug sich mit der flachen Hand an die Stirn und rief: „Was habe ich gemacht? Wie konnte ich dich nur vergessen! Du bist es, die ich liebe! Du sollst meine Frau werden!”
Sashiko blickte ihn verwirrt an, der Bürgermeister fragte, was hier geschehe, Miyo wurde blass und dann tobte und schrie sie. Doch es half nichts. Yutaka nahm Sashiko in die Arme und küsste sie.

Die Geschichte vom glücklichen Ende dieser Liebe wird noch heute in Sashikos Familie erzählt und zusammen mit dem Rezept für Jasmingebäck von Generation zu Generation weitergereicht.

Fruchtige Nussplätzchen

erfordert Aufmerksamkeit

Zutaten

100 g Nüsse je nach Belieben z.B. Pekan oder Walnüsse
50 g gehobelte Mandeln für die Stabilität
Zwei Hände voll getrocknete Früchte mit säuerlicher Tendenz, z.B. Cranberries und Aprikosen
2 EL Butter
½ TL Meersalz
100 ml süße Sahne
80 g Rohrohrzucker
4 EL Topinamburdicksaft, alternativ geht auch Zuckerrübensirup
4 EL Mehl
100 g dunkle Schokolade zum Bestreichen

Tipp

Nüsse haben zwar viele Kalorien, sind aber reich an ungesättigten Fettsäuren und gut für den Cholesterinspiegel und fürs Herz!

Das Rezept erinnert an Florentiner, wird aber durch den hohen Fruchtanteil frischer. Besonders die Cranberries, die hier zu Lande noch nicht so oft verwendet werden, machen den Geschmack außergewöhnlich. Ich verwende die Beeren auch bei Gerichten mit Käse oder über Salat.

1 Backofen auf 220 Grad vorheizen.

2 Nüsse klein hacken und mit den Mandeln vermischen. In einem Topf ohne Butter kurz anrösten, so dass die Nüsse eine zarte braune Farbe bekommen. Sobald es anfängt, lecker nach gerösteten Nüssen zu riechen, nehmen Sie den Topf vom Herd.

3 Währenddessen die getrockneten Früchte klein schneiden. Cranberries je nach Größe vierteilen, die Aprikosen mehrfach.

4 Die Butter, den Zucker, Salz, Topinamburdicksaft und die Sahne in den Topf geben und ca. fünf Minuten leicht köcheln lassen. Bitte nicht vom Herd verschwinden und ständig umrühren, damit nichts anbrennt.

5 Wird die Masse zähflüssiger, Topf von der Herdplatte nehmen und vorsichtig das Mehl unter die Masse heben, indem man es langsam darüber siebt und dann gründlich verrührt. So vermeiden Sie Klümpchen. Zuletzt die Nüsse und die Früchte untermischen.

6 Mit zwei Teelöffeln auf ein mit Backpapier (alternativ gefettete Alufolie) ausgelegtes Blech kleine Nusshäufchen geben. Dafür ½ Teelöffel voll Nussmasse aufnehmen und mit dem anderen Löffel abstreifen. Lieber die Abstände zwischen den Häufchen größer lassen, um ein eventuelles Verlaufen der Taler zu vermeiden!

7 Bleche für ca. fünf Minuten in den vorgeheizten Backofen. Vorsicht: die Taler können schnell verbrennen. Um eventuelles Nachbacken zu vermeiden, müssen die Plätzchen nach der abgelaufenen Zeit sofort vom heißen Blech. Ich stelle dafür das Blech (natürlich mit Küchenhandschuhen) auf den Küchenboden und ziehe das Backpapier mit Schwung herunter.

8 Sind die Taler abgekühlt, schmelzen Sie die Kuvertüre über dem heißen Wasserbad. Nach Belieben beträufeln, bestreichen oder tauchen Sie das Backwerk in die Schokolade. Trocknen lassen!

Der Harem

Es lebte einmal ein reicher König namens Sefu in einem Land von tausend Morgen. Er hatte viele Untertanen, und sein Schloss stellte an Prunk alles in den Schatten, was Menschenaugen je erblickt hatten. Der ganze Stolz des Königs aber war sein Harem. Er befand sich im Herzen der weitläufigen Anlage und erhob sich aus einem Meer von winzigen roten Röschen und roten Beeren. Ein gusseisernes Tor mit einer weißen Perle von der Größe eines Hühnereis verschloss den Eingang. Um ins Innere zu gelangen, musste man die Perle reiben, erst dann öffnete sich das Tor mit einem lauten Knarren und gab den Weg zu den Prinzessinnen frei, von denen eine schöner als die andere war, das Haar glänzend und weich wie Seide, die Haut schimmernd wie schwarzer Samt.

Auch Prinzessin Ghanima war seit ihrem 13. Lebensjahr mit dem König verheiratet und lebte seither in diesem goldenen Käfig. Sie war dem König innig zugetan, und kein Wort der Klage kam über ihre Lippen, wenn er sich eine andere für eine Liebesnacht erwählte, auch wenn es ihr das Herz abschnürte.
Sefu war stets großzügig zu seinen Frauen. Er überhäufte die Prinzessinnen mit Geschenken und ließ ihnen goldene Geschmeide mit Edelsteinen, Kleider und Roben aus feinster Seide, Flakons mit auserlesenen Duftwassern und exotische Naschereien zukommen. Ghanimas liebster Besitz war jedoch eine kunstvoll gearbeitete Karaffe, in der drei lustige Flaschengeister lebten. Manchmal entkorkte sie das Gefäß und unterhielt sich mit den Zauberwesen. Auch vergaß sie nie, ihnen kleine Portionen von den edlen Naschereien anzubieten. Wenn Ghanima traurig war, heiterten die Geister sie auf, und traurig war sie oft. Denn sie sehnte sich nach dem König und fieberte den Augenblicken entgegen, in denen er nach ihr rufen ließ. Sie liebte Sefu von der ersten Sekunde an. Seine sanften Hände, seine klugen Worte trieben ihr wohlige Schauer über den Rücken. War sie mit ihm zusammen, verging die Zeit wie im Fluge, aber wie schrecklich war es, wenn sie sich trennen mussten. Ghanimas Herz brannte, und die Flaschengeister brauchten Stunden, um den Kummer der schönen Prinzessin zu lindern.

Manchmal ließ der König nicht nach den Frauen schicken, sondern kündigte seinen Besuch in ihren Gemächern an. Dann zogen sich die Frauen in die Bäder zurück, kämmten und cremten, polierten und schminkten, zogen die prächtigsten Kleider an, und jede wollte ihrem König als Schönste und Begehrenswerteste unter die Augen treten. An solchen Abenden saßen sie meist gemeinsam in einem runden Zimmer mit einer Glaskuppel, durch die man in den Sternenhimmel blicken konnte. Dicke Teppiche bedeckten den Boden und überall waren große bestickte Kissen verteilt. Auserlesene Speisen wurden gereicht und der König erzählte Geschichten von seinen Reisen.

Natürlich wollte jede der Prinzessinnen neben ihrem König sitzen, und die beiden Siegerinnen des heimlichen Wettstreits ernteten die tödlichen Blicke der anderen. Kam Ghanima neben Sefu zu sitzen, legte sie ihren Kopf auf seine Brust, die sich langsam hob und senkte, lauschte seinem Atem und genoss die Nähe zu seinem Herzen und wünschte sich nichts mehr, als dass er sie so sehr lieben möge, wie sie ihn liebte. Fiel seine Wahl auf eine andere Tischdame, konnte sie ihre Traurigkeit kaum unterdrücken.

Während all die anderen schwarzäugigen Prinzessinnen das Leben im Schloss und den grenzenlosen Luxus genießen konnten, zog sich Ghanima immer mehr in sich zurück und lebte nur noch für die gemeinsamen Augenblicke mit Sefu. Ob er wohl auch derlei Gefühle für sie hegte? Aber wie konnte er dann all die anderen Frauen so ansehen, wie er sie ansah? Wie konnte er die anderen berühren, wie er sie berührte? Ist Liebe teilbar wie ein Kuchen? Ghanima wischte sich die Tränen von den Wangen, sie wollte nicht, dass eine der Haremsdamen sie so sah. In solchen Momenten zog sie sich am liebsten mit ihren Flaschengeistern in eine stille Ecke zurück.

Sefu hatte den Prinzessinnen ausrichten lassen, dass am Ende der Woche ein großes Fest gefeiert werden sollte. Nach solchen Ankündigung setzten stets sorgfältige Vorbereitungen ein, und als der große Tag kam, stolzierte eine nach der anderen festlich herausgeputzt in den Saal, und die Buhlerei um die begehrten Plätze an des Königs Seite begann. Eine meterlange Tafel war für das Abendessen gedeckt. Muskulöse Männer in Lendenschurz gingen herum und kredenzten Wein und Süßigkeiten, und es tummelten sich allerlei Gäste aus den anliegenden Königreichen auf dem Fest. Auch Ghanima mischte sich unters Volk und hoffte, von ihrem König als Tischdame auserwählt zu werden. Sie getraute sich kaum, ihren Blick zu heben, fürchtete sie doch, sie würde in seinen Augen auf Ablehnung stoßen. Vielleicht gefiel ihm ihr Kleid nicht, vielleicht mochte er ihr Parfüm nicht, das sie extra für diesen Abend hatte mischen lassen, vielleicht hatte sie beim letzten Treffen etwas gesagt, das er missbilligte? Und tatsächlich wandte sich der König anderen Damen zu.

Ghanima unterdrückte die Tränen und nahm den ihr zugewiesenen Platz ein. In ihre trüben Gedanken versunken, war sie keine gute Gesellschafterin für ihren Tischnachbarn. Dabei blickte der voller Bewunderung auf die traurige Schönheit und richtete höflich das Wort an sie. Er stellte sich vor als ein Prinz aus dem Nachbarreich, der lange auf Reisen gewesen war, doch nun sei es an der Zeit, heimzukehren und sesshaft zu werden, zumal sein alter Vater, der König, gedenke, ihm, Prinz Tafari, demnächst die Regierungsgeschäfte zu übergeben. Und bald gelang es dem Prinzen, Ghanima mit seinen anmutigen und klugen Plaudereien abzulenken, so dass schließlich sogar ein Lächeln ihr Gesicht schmückte. Prinz Tafari behandelte sie äußerst respektvoll und machte ihr artige Komplimente. Als sich das Fest dem Ende zuneigte, verabschiedete er sich herzlich und machte eine geheimnisvolle Andeutung, dass es gewiss ein Wiedersehen geben würde.

Was die Worte des Prinzen bedeuteten, stellte sich bald heraus. Es war offensichtlich, dass Tafari nach seinen langen Reisen nicht nur sesshaft werden wollte, sondern sich auch nach einer Frau umsah. Sein Herz, so sagte er, schlüge seit jenem Abend für Ghanima, sie oder keine solle es sein, die er zu seiner Ehefrau machen wolle. Das war angesichts der Tatsache, dass Ghanima die Angetraute von König Sefu war, gewiss ein ungewöhnliches Anliegen, aber ein Weg findet sich immer. Als erstes schickte der Prinz wertvolle Geschenke an den Palast, dann versicherte er Sefu seiner Hochachtung, beglückwünschte ihn zu seinem auserlesenem Geschmack und der glücklichen Hand, die er bei der Auswahl seiner Haremsfrauen bewies, bat um eine Unterredung mit dem geschätzten König, die dieser dem Gleichgestellten natürlich gewährte, und mit wohlgesetzten Worten bat Tafari um Ghanimas Freigabe.

Die Prinzessin ahnte von all dem nichts. Als Sefu sie zu sich rufen ließ, hoffte sie auf eine andere Nachricht. Der König hatte ein paar Süßigkeiten für sie bereitgestellt. Nüsse, Beeren, Aprikosen und Schokolade, alles, was sie gerne mochte. Ghanima knabberte nervös an einer Beere. Sefu teilte ihr ohne lange Umschweife Tafaris Absichten mit. Man sah ihm nicht an, ob er stolz war, weil ein angesehener Prinz ihm einen, nun ja, nennen wir es ehrenwerten Handel vorgeschlagen hatte, oder ob er Schmerz um Ghanima empfand. Er sei jedenfalls bereit, dem Wunsch des Prinzen nachzukommen und die Ehe mit Ghanima aufzulösen, damit sie den Prinzen heiraten konnte.

Ghanima verschluckte sich fast an einer Nuss, als Sefu diese Worte sprach. Sie fiel aus allen Wolken und war unendlich enttäuscht, aber als eine wohlerzogene Haremsdame gab es für sie nichts anderes, als den Wünschen ihres Herrn zu genügen.

So soll es nun sein, beschloss Sefu und nahm Ghanima in seine Arme. Sie unterdrückte ein Schluchzen, nur ihr Herzschlag schien gegen seine Brust zu hämmern und zu klopfen. Als er sie küsste, schien es ihr, als wäre es nie zuvor schöner gewesen.

Die Kunde von Ghanimas Hochzeit machte die Runde wie ein Lauffeuer. Die anderen Prinzessinnen beglückwünschten sie, malten ihr aus, wie wunderbar es doch sei, einem Mann angetraut zu werden, dessen einzige Frau sie sein würde! Und dass es sich um einen reichen und schönen Mann handelte, sei schließlich auch nicht gering zu schätzen!

Keiner ahnte von der Traurigkeit in Ghanimas Herzen.

In den nun folgenden Wochen vermied Sefu jeglichen Kontakt. Es war, als ginge er ihr aus dem Weg. Nur in ihren Träumen verbrachten Ghanima und Sefu Nacht um Nacht miteinander. Sefu hatte sich nur für sie entschieden und alle anderen Haremsdamen verbannt. Ghanima war in das Schloss gezogen, und sie verlebten wunderbare Tage. Wenn sie jedoch morgens die Augen aufschlug, kehrte die Realität grausamer denn je zurück.

Ihre Abreise rückte näher und es kam der Tag, der die endgültige Trennung von Sefu bringen würde. Ghanima packte nur wenig von ihrem Hab und Gut ein. Nichts sollte sie in ihrem neuen Leben an den Harem erinnern. Sie wollte Tafari eine gute Frau sein. Vielleicht könnte sie ihn ja eines Tages genauso lieben wie Sefu. „Wer weiß das schon, es kann ja alles gut werden“, sagte sie zu den Flaschengeistern, denen sie feine Süßigkeiten, natürlich in mundgerechten Krümeln, auftischte, um ihre letzte gemeinsame Stunde festlich zu begehen, denn sie wollte ihnen die Freiheit schenken. Tränen rollten ihr über die hübschen Wänglein, und Tränen flossen auch bei den Flaschengeistern, die bis dahin gar nicht gewusst hatten, dass sie über diese Gabe verfügten, schließlich waren sie ja lustige Flaschengeister. Dann warf Ghanima den Verschluss der Karaffe in hohem Bogen über die Palastmauer und entließ ihre kleinen Freunde.

Am nächsten Morgen gab es die große Verabschiedung. Die Haremsdamen hatten sich in ihre schönsten Kostüme gekleidet und der ganze Hofstaat war gekommen, um Ghanima ein letztes Mal zu umarmen und ihr Glück zu wünschen. Nur Sefu blieb fern und widmete sich, wie der Oberwesir verlauten ließ, an diesem frühen Morgen schon ganz den Regierungsgeschäften. Als Ghanima in ihren Wagen stieg, warf sie einen letzten Blick zu den Fenstern von Sefus Gemächern, und fast wollte es ihr scheinen, als bewege sich hinter einem der bauschigen Vorhänge eine Gestalt, aber ihr tränenverschleierter Blick hatte sie wohl getäuscht.

Tafari erwartete seine Braut sehnsüchtig. Er hatte alles für ihren Einzug vorbereiten lassen. Prunkvolle Räume waren eingerichtet worden, und eine eigene Dienerschaft wartete auf die Befehle der neuen Herrin. Tafari geleitete sie in ihr Reich, fragte nach ihren Wünschen und zog sich, als er merkte, dass Ghanima der Sinn nach Ruhe stand, diskret zurück. Und weil er spürte, dass die Prinzessin noch Zeit brauchen würde, drängte er auch nicht mit dem Hochzeitstermin. Ghanima war dankbar. Fast täglich lernte sie neue Vorzüge an Tafari kennen, seine Gegenwart war ihr angenehm, und die interessanten Gespräche mit ihm mochte sie bald nicht mehr missen. Niemals wurden sie dabei von anderen unterbrochen, wie es im Harem doch immer der Fall gewesen war!

Sefu hingegen erging es schlimm. Seit Ghanimas Fortgang schienen ihm alle anderen Frauen reizlos. Ihre Tänze erfreuten ihn nicht, ihre Plaudereien klangen schrill in seinen Ohren, und allein bei der Vorstellung, mit einer der Haremsdamen das Lager zu teilen, schüttelte es ihn.
In den Nächten wälzte er sich ruhelos hin und her, und wirre Träume suchten ihn heim. Eine geheimnisvolle Schöne, deren Gesicht unter einem Schleier verborgen war, lockte ihn. Gar zu gern hätte er gewusst, wer sich unter dem Schleier verbarg, aber seine Füße waren wie an den Boden geschweißt, und es gelang ihm nicht, in die Nähe der Schönen zu kommen. Morgens erwachte er schweißgebadet. So oder so ähnlich erging es ihm Nacht für Nacht. Auch verstand er nicht, warum am Morgen der Teller mit Süßigkeiten, den die Diener allabendlich an sein Lager stellten, durchwühlt war und die leckersten Bissen fehlten. Er

selber hatte gewiss nichts davon genommen, hatte er doch jeden Appetit verloren. Er beschimpfte die Diener, aber die hatten sich längst darauf eingestellt, dass aus ihrem einst gerechten, gütigen und großzügigen König ein unleidlicher Mann, gewissermaßen ein unangenehmer Zeitgenosse geworden war, der keinerlei Freude am Leben empfand. Nach und nach entließ Sefu seine Haremsdamen und war erleichtert, als sich das Tor mit der Perle von der Größe eines Hühnereis hinter der letzten schloss. Er wollte niemanden mehr um sich haben.

Eines Tages überbrachte dann ein Bote die Einladung zur Hochzeit des Prinzen Tafari mit der Prinzessin Ghanima. Sefu seufzte und verspürte einen Stich im Herzen.

In der Nacht erschien ihm wieder die geheimnisvolle Schöne im Traum. Zugleich vernahm er ein Wispern und Rascheln und ein feines Stimmchen sagte: „Lauf, Sefu, lauf, heb den Schleier auf." Das wollte er ja, aber wieder konnte er seine Füße nicht vom Boden lösen, und die Schöne entschwand unerkannt.

In der nächsten Nacht wiederholte sich der Traum. Auch hörte er wieder ein Stimmchen wispern, doch dieses Mal war die Mitteilung eine andere: „Willst den Schleier du erhaschen, solltest du Konfekt erst naschen!" Oh, diesen Satz wollte sich der König merken. Gleich nach dem Erwachen sprach er ihn vor sich hin, wiederholte ihn den ganzen Tag über und verlangte vom Diener, die größte aller Konfektschalen für den Abend an sein Bett zu stellen.

Bevor er sich zur Ruhe begab, aß er Unmengen von Konfekt, und als ihm dann in seinem unruhigen Schlaf wieder die Schöne erschien, gelang es ihm tatsächlich, auf sie zuzugehen und den Schleier zu heben. Es war das liebe, vertraute Gesicht von Ghanima, das sie ihm strahlend entgegenhielt. Er schreckte aus dem Schlaf, aber er hatte nicht vergessen, wen er im Traum erblickt hatte.

Und da wusste er auf einmal, woran er die ganze Zeit gelitten hatte. Warum nur hatte er nicht eher gemerkt, dass er krank vor Sehnsucht nach Ghanima war, dass sein Leben ohne sie nichts wert war, dass er sie liebte, wie er noch nie eine andere geliebt hatte?

Ghanima stand unterdessen in ihrem prächtigen Hochzeitskleid vor dem Spiegel. In wenigen Minuten würde sie ihrem Prinzen das Ja-Wort geben. Sie konnte ihre Wehmut nicht ganz verbergen, aber ihre Entscheidung für den freundlichen und ihr ergebenen Prinzen war gefallen, und sie war überzeugt, an seiner Seite glücklich zu werden. Gerade wollte sie das Zimmer verlassen, als plötzlich die Flaschengeister zum Fenster hereinschwebten. Sie waren ganz aufgeregt und redeten wild durcheinander: „Tu's nicht, tu's nicht, warte nur ... er kommt, er kommt ..."

„Ach, ihr Lieben, wie freue ich mich, euch zu sehen", sagte Ghanima, „aber ich habe jetzt keine Zeit, Tafari wartet ... lasst mich gehen, seid nachher meine Gäste!" Und während sie davon eilte, rief sie ihnen noch augenzwinkernd zu: „Es gibt Süßigkeiten in rauen Mengen ..."

Ghanima, die Braut, trat zum Altar. Sie blickte Tafari an und ihr Herz klopfte. Ein neues wunderbares Leben stand vor ihr ... Da wurde die Hochzeitszeremonie jäh unterbrochen. Die Tür der Kirche wurde in allerletzter Minute, aber gerade noch zur rechten Zeit aufgerissen, Sefu stürmte herein, schob Tafari unsanft zur Seite und warf sich Ghanima zu Füßen. „Verzeih, verzeih, was ich dir angetan habe. Heirate nicht den Prinzen. Ich liebe dich. Komm zu mir zurück!“

Es war der in solchen Fällen angebrachte Text, und die Worte trafen, ganz wie es sich gehört, Ghanima mitten ins Herz. All ihre Gefühle, die sie aus Vernunftgründen so lange unterdrückt hatte, waren wieder da. Als auch noch der keckste der Flaschengeister ihr ins Ohr flüsterte: „Hör auf dein Herz, schöne Ghanima!“, da war es um sie geschehen. Sie fiel ihrem König um den Hals, küsste ihn und schmiegte sich fest in sein Arme. Nur noch einmal machte sie sich los, trat zu Tafari, sah ihm in die Augen und flüsterte: „Du musst es verstehn!“

Dann packte sie eilig ihre Sachen und zog zurück in Sefus Schloss, diesmal aber nicht in den Harem, sondern in das Haupthaus des Palastes. Den Harem ließ sie in ein großes Spielzimmer umbauen, in dem die Kinder, die sie Sefu schenkte, herumtollen konnten. Viel öfter als in früheren Zeiten stand der König am gusseisernen Tor und rieb die Perle, damit das knarrende Tor sich öffnete, denn unvergleichlich größeren Spaß als einst erlebte er nun in der Gesellschaft seiner Kinder.

Prinz Tafari blieb ein Freund des Königshauses und war ein gern gesehener Gast. Den Verlust seiner Braut verkraftete er ziemlich schnell, hatte er sich doch noch am Tag der geplatzten Hochzeit in den Cousin von Ghanima verguckt.

Rum-Kokostürmchen

einfach

Zutaten

120 g Kokosraspeln
100 ml Kokosmilch
50 g Butter
100 ml Rum
80g Fruchtsüße (z.B. Apfeldicksaft) oder 150 g Rohrohrzucker
200 g dunkle Schokolade
Stanniol- oder Papierförmchen

Tipp

Die Kokosnuss enthält viele Vitamine und Spurenelemente. (Bei mir verursacht sie immer etwas Urlaubsfeeling!)

1 ¾ der Kokosraspeln mit dem Rum vermischen und (am besten über Nacht) durchziehen lassen.

2 Die Schokolade zerkleinern und über einem heißen Wasserbad schmelzen. Zur Seite stellen.

3 Die Butter mehrere Minuten schaumig rühren, bis sie deutlich heller geworden ist. Die Fruchtsüße unterrühren. Sollten Sie Zucker verwenden, geben Sie diesen vorher am besten zum Zerstäuben in den Mixer, so vermischt er sich besser mit der Butter und knirscht später nicht beim Verspeisen der Pralinen.

4 Etwa die Hälfte der flüssigen, auf Zimmertemperatur abgekühlten Schokolade unterrühren, danach die beschwipsten Kokosraspeln. Je nach Konsistenz etwas mehr Schokolade dazugeben.

5 Mit dem elektrischen Handrührgerät die Kokosmilch unterrühren. Achten Sie darauf, dass die Masse geschmeidig bleibt, schließlich muss sie jetzt noch in den Spritzbeutel und in die Förmchen. Dafür jeweils ein „Türmchen“ mit einer runden Spritztülle bauen und ein paar der restlichen Kokosraspeln darüber streuen. Kleine Deformationen lassen sich damit kaschieren. Im Kühlschrank fest werden lassen!

Varianten

Noch exotischer werden die Türmchen, wenn man der Masse etwas Fruchtiges untermischt. Versuchen Sie es mit getrockneten Cranberries, Mangos, Aprikosen oder Papayas oder verwenden Sie gefriergetrocknetes Fruchtpulver, z.B. Cassis.

Sie können die Grundmasse auch halbieren und einen Teil mit und den anderen ohne Früchte weiter verarbeiten. Wichtig ist nur, dass Sie die Früchte sehr sehr klein schneiden, damit sie nachher mit den Kokosraspeln durch die Spritztülle gelangen und das Türmchen nicht deformieren.

Die Legende von Luana und Makaio

In einem Land, in dem jeden Tag die Sonne schien, die Vögel sangen und keiner Hunger leiden musste, weil die Früchte des Waldes für jeden Nahrung boten, lebte einst Prinzessin Luana. Ihr Vater war König Kantoi, ein gütiger Herrscher. Das Volk durfte in seinem Palast aus Lehm, Muscheln und bunten Glassteinen ein und aus gehen. Und der König liebte es, mit den Fischern aufs Meer zu fahren und abends im Schein eines Lagerfeuers mit ihnen am Strand zu sitzen. Natürlich hatte er einen Hofstaat, doch auch den Angestellten im Schloss fehlte es an nichts, und sie erhielten monatlich einen stattlichen Lohn und später, im Alter, sogar eine Pension. Kurz, Prinzessin Luana wuchs in einem Paradies inmitten der Südsee auf, fern von Kummer und Sorgen. Es gab nur einen Schatten, der sich in der Kindheit über ihr Herz gelegt hatte. Luanas Mutter, einst eine mächtige Hexe, die die Magie der Liebe wegen aufgegeben hatte, war bei ihrer Geburt gestorben. König Kantoi aber war ein guter Vater, so dass es Luana an Wärme und Herzlichkeit nie mangelte.

Prinzessin Luana hatte viele Talente. Sie konnte Kanus aus Kokosfasern und Schalen bauen und prächtige Ketten aus Muscheln zusammenstecken. Sie verstand die Sprache der Wale und konnte ihnen stundenlang lauschen, wenn sie an den kleinen Buchten vorbeizogen.

Seit geraumer Zeit lief sie nicht mehr so oft hinunter zum Strand. Im Palast war ein neuer Koch angestellt worden. Makaio hieß er, und Luana hatte sich sofort in den hübschen Jungen verliebt. Sie saß gern bei ihm in der Küche und beobachtete, wie er mit geschickten Fingern Obst und Gemüse schnitt und die leckersten Gerichte zauberte. Würzig, pikant oder edel und süß, Makaio beherrschte einfach alles und verwöhnte Prinzessin Luana mit eigens für sie kreierten Wunderwerken aus Schokolade oder Früchten. Während Luana die Köstlichkeiten genoss, dachte sie an Makaio mit seinen großen runden dunklen Augen, den langen Wimpern und den schwarzen Haaren, die ihm bis zur Schulter reichten. Seine vollen Lippen, sein strahlendes Lächeln und seine kräftigen flinken Bewegungen, all das hatte Luana stets vor Augen, und ihre Zuneigung zu ihm wuchs von Tag zu Tag.

Doch auch ein anderer Bewohner des Palastes hatte sein Herz verloren. König Kantoi beendete seine langjährige Trauer und ging auf Brautschau. Schneller als erwartet kehrte er von seiner Reise zurück und brachte eine Schlossherrin für die königliche Residenz mit. Die neue Frau an des Königs Seite schien von edlem Geschlecht, sie war groß gewachsen mit

wohlproportionierten Beinen und festen Brüsten und hatte langes, silberfarbenes Haar. Ihre Hände zierten schöne Schmuckstücke, und um ihren schlanken Hals trug sie eine Kette mit einem merkwürdigen Anhänger aus Silber und Edelsteinen. König Kantoi himmelte seine schöne Frau an und lief hinter ihr her wie ein Schoßhündchen. Die Schöne und ihr Schatten, hieß es bald im Volk, wenn die Rede auf das neue Königspaar kam.
Die weiße Frau, wie man die neue Gattin nannte, vereinnahmte den König mehr und mehr und kapselte ihn ab, so dass er nicht nur den Fischern fern blieb, auch Luana bekam ihren Vater nur noch selten zu Gesicht. Und im Lande gingen Veränderungen vor sich. Es gab Steuererhöhungen und Lohnkürzungen fürs Volk und Benimmunterricht und Hausarrest für die Prinzessin. Luana sei unerzogen und rebellisch, hieß es plötzlich. Außerdem sollte sie schnell verheiratet werden und ihre Unschuld nicht an einen dahergelaufenen Dorftrottel verlieren.

Luana liebte ihren Vater über alles und freute sich zunächst, dass er sein Herz verschenkt hatte. Er war lange genug allein gewesen, und sie gönnte ihm sein Glück, auch wenn ihr die neue Frau an seiner Seite nicht ganz geheuer war. Sie wollte ihren Vater nicht verletzen und fügte sich den Anweisungen, jedenfalls wahrte sie den Schein und lernte tagsüber brav ihre Lektionen. Nachts jedoch stahl sie sich hinaus ans Meer, wo sie sich mit Makaio traf und ihm ihr Herz ausschüttete. Gleich ging es ihr besser, und die beiden lagen glückselig im warmen Sand und blickten in den Sternenhimmel. Immer vertrauter wurde ihr Umgang miteinander, und heimlich waren sie ein Paar geworden. Niemand durfte davon erfahren, schon gar nicht die Stiefmutter, die bereits einen anderen Mann für Luana ausgesucht hatte.

Eines Nachts, als Luana sich aus ihrem Schlafgemach an den Strand schlich, erwartete Makaio sie bereits sehnsüchtig. Er trug sein bestes Hemd und hatte den ganzen Strand entlang Fackeln aus Pech aufgestellt, die den Meereswellen einen wundervollen goldenen Schimmer verliehen. Er kniete vor ihr auf dem Boden nieder und hielt mit einem kleinen muschelgeschmückten Ring um ihre Hand an. Tränen des Glücks liefen Luana über die Wangen, und sie strahlte bis über beide Ohren, als sie in den Sand und in Makaios Arme sank. Mit der heimlichen Verlobung war ihre Liebe endgültig besiegelt.

Am nächsten Tag wollte Makaio den Segen des Königs erbitten. Als er ihn nicht im Regierungssaal antraf, machte er sich auf die Suche. In einem der Schlossgänge bemerkte er eine offene Tür, die er bisher nie wahrgenommen hatte. Er vernahm dumpfe Geräusche und ein Scheppern und Klappern. Seine Neugier war geweckt, und er folgte der Treppe in den Keller. Weißer Dampf kam ihm entgegen, es roch nach fremdartigen Kräutern und totem Getier. Vorsichtig lugte er um die Ecke und erblickte die weiße Königin, wie sie in einem großen Kessel eine dicke stinkende Brühe zubereitete. Auch heute erstrahlte sie in voller Schönheit und in ihrem Dekolleté baumelte wie immer das Amulett. Doch Makaio schauderte. Aus dem Schmuckstück züngelten drei grünlich schimmernde Schlangen hervor und zischelten unverständliche Laute. Die Augen der Königin blitzten böse, und sie fiel in den Singsang der Schlangen ein. Nun verstand Makaio die Worte:

„Montag ein Tröpfchen
und es fehlen drei Jahre,
Dienstag ein Tröpfchen
und es ergrauen die Haare,
Mittwoch ein Tröpfchen
und sie fallen ihm aus,
Donnerstag ein Tröpfchen
und ich bin die Herrin im Haus.
Freitag ein Tröpfchen
und er kann nicht mehr gehen,
Samstag ein Tröpfchen
und es wird sich alles drehen.
Sonntag, ja Sonntag,
das ist keine Frage,
bin ich Witwe und trag ihn zu Grabe!

So, König Kantoi, mit diesem Gesöff bleiben dir noch sieben Tage. Dann werde ich alleinige Herrscherin sein! Hehehehe ..."

Das Lachen ging Makaio durch Mark und Bein. Er sprang auf, um den König zu warnen. Doch die weiße Hexe hatte ihn entdeckt. Blitzschnell griff sie nach ihrem Amulett, und die Schlangen um ihren Hals wuchsen und wurden größer. Sie wickelten sich um Makaios Körper und würgten ihn, dass ihm Hören und Sehen verging. „Du entkommst mir nicht, du widerlicher kleiner Wurm. Glaub ja nicht, dass mir deine geheimen Machenschaften mit der Prinzessin entgangen sind. Aber das hat ein Ende. Auch für dich habe ich einen Zaubertrunk bereitet. Hehehehe ..."
Ihr entsetzliches Lachen dröhnte in Makaios Ohren. Die Schlangen hielten ihn fest, und die Königin träufelte ihm von dem Zaubersaft in den Mund. Makaio wurde schwarz vor Augen, alles drehte sich. Als die Schlangen von ihm abließen, schlug er der Länge nach zu Boden. Er versuchte sich aufzurichten, doch ein Stechen in allen Gliedern hinderte ihn daran. Er blickte an sich herunter und sah, wie sein Rumpf, Arme und Beine schrumpften, wie seine Hände sich krümmten und überall aus seiner Haut Fell wuchs. Er wollte um Hilfe rufen, aber aus seinem Mund kam nur ein hilfloses „uh uh uh". Die weiße Hexe hatte ihn in ein Äffchen verwandelt. Noch einmal ließ sie ihr widerliches Lachen hören, rief ihm zu: „Nun kannst du ja um die Hand der Prinzessin anhalten!" und verschwand.
Es dauerte, ehe Makaio begriff, wie ihm geschehen war. Er ließ seine Affenarme baumeln und meinte, in diesem Keller verenden zu müssen. Dann aber fiel ihm ein, was die weiße Hexe dem König angedroht hatte, der ja quasi sein Schwiegervater war. Ein empörtes „uhg" kam über seine dicken Lippen und das sollte heißen: „O nein, so schnell gebe ich nicht auf!" Er blickte sich in dem dunklen Raum um. Weit oben, fast unter der Decke, erspähte er ein kleines Fenster, und dank seines neuerworbenen Klettertalents erklomm er in Windeseile die Öffnung,

zwängte sich hindurch und machte sich auf leisen Füßen, aber trotzdem mit einem Affenzahn auf den Weg zum König.
Er fand ihn in seinem Schlafzimmer, wo sich eine Gruppe von aufgeregten Menschen versammelt hatte. Alle redeten durcheinander. Makaio kletterte unbemerkt an einem Pfosten des Himmelbetts hinauf, legte sich auf den Baldachin und hatte so einen hervorragenden Blick auf das ganze Geschehen. Der Menschenauflauf entpuppte sich als eine Ansammlung der Hofärzte, die rätselten, was mit dem König geschehen war. Er hatte weiße Haare bekommen, seine Haut war von braunen Flecken übersät und von Falten überzogen, seine Stimme klang piepsig. Der eine Arzt sagte: „Wir müssen sofort operieren!“ Ein anderer meinte: „Er muss zur Kur nach Davos!“ Und ein dritter wusste. „Alles Unsinn. Schlaftherapie, da hilft nur Schlaftherapie!“
Die geliebte Gattin war natürlich auch zur Stelle, und während die Ärzte noch stritten, was zu tun sei, kümmerte sie sich aufopfernd um den König. Luana, die sich ebenfalls im Zimmer aufhielt, beobachtete die Stiefmutter jedoch mit Argwohn. Ihr schien die Königin plötzlich zu nett und zu geduldig zu sein. Sie schenkte sogar Luana ein mildes Lächeln, nein, hier stimmte etwas nicht. Und überhaupt, wo war Makaio? Er hatte doch heute früh ihren Vater aufsuchen wollen. Sie konnte sich immer auf ihn verlassen, das wusste sie.
Makaio indes hatte alles gesehen, was er sehen musste, kletterte geschickt den Bettpfosten herunter und schlich sich, von den anderen unbemerkt, zu Luana. Aufgeregt zupfte er an ihrem Kleid, so dass Luana vor Schreck beinahe aufgeschrien hätte, als sie den Störenfried entdeckte. Doch eine innere Stimme sagte ihr, sie könne zu dem putzigen Wesen mit den großen runden Äuglein Vertrauen fassen. Und als er ihr bedeutete, ihm zu folgen, schlich sie sich aus dem königlichen Schlafgemach. Das Äffchen hetzte sie quer durch die Gemäuer und machte schließlich in einer kleinen Nische Halt. Aufgeregt hüpfte es auf und ab, aber etwas anderes als „uh uh“ brachte es nicht heraus. Luana, von einer dunklen Ahnung getrieben, nahm das Tier auf den Arm und stellte Fragen, die das Äffchen offensichtlich verstand, denn es nickte oder schüttelte den Kopf, je nachdem, was Luana sagte.
„Bestimmt hat die Königin ihre Finger im Spiel und meinem Vater Böses zugefügt?!“ Das Äffchen nickte.
„Ich werde meinen Vater retten!“ flüsterte Luana wild entschlossen. Das Äffchen nickte.
„Ich werde zur Königin gehen und sie zur Rede stellen!“ Das Äffchen schüttelte heftig den Kopf.
„Ach, wenn mir doch Makaio helfen könnte!“ Das Äffchen gab ein wohliges „uug“ von sich.
„Weißt du, wo er ist?“ Nicken.
„Ist er hier?“ Erneutes Nicken. Argwöhnisch sah die Prinzessin das Tier an, dann durchzuckte sie ein Gedanke, der ihr das Blut in den Adern erstarren ließ. Noch wollte sie nicht glauben, was ihr Herz längst spürte. „Hat die Königin ... bist du ... kann es sein ...“, stotterte sie, und das Äffchen nickte zu allem, und da gab es keinen Zweifel mehr, die Prinzessin hatte ihren geliebten Makaio vor sich.
Aber Luana wäre nicht die Tochter einer Zauberin gewesen, wenn sie jetzt aufgegeben hätte. „Hör zu, Äffchen, eh, Makaio. Meine Mutter hat ihr Zauber-

buch damals, als sie meinen Vater heiratete, in einer Höhle am Meer verwahrt. Hohe Klippen umragen die Höhle, und kein Mensch kann sie erklimmen. Aber du, Makaio, eh, Äffchen, wollte ich sagen, du kannst es. Du musst das Buch holen! Aber pass auf dich auf!" Das Äffchen nickte und beide eilten zum Strand, wo Luana ihm einen Kuss gab und am Rande der Klippen auf seine Rückkehr wartete. Es vergingen ein, zwei, drei bange Stunden, dann sah sie das Äffchen kommen, das sich an einem schweren Buch abschleppte. Wieder bekam es einen Kuss, dann vertiefte sich Luana in das Buch. Es war, als führte die Hand ihrer Mutter sie genau zu den richtigen Stellen, die es zu lesen galt.

Luana verstaute vorsorglich das wertvolle Buch unter ihre Schürze und lief zurück zum Palast. Dort herrschte Trauer, denn der Zustand ihres Vaters hatte sich deutlich verschlimmert. Die Ärzte standen vor dem Krankenzimmer und debattierten noch immer. Die Stiefmutter hatte ihren Anfall von Nächstenliebe wohl überwunden, denn Luana konnte unbeobachtet ans Bett des Vaters treten, seine magere Hand streicheln und ihre Zauberformeln flüstern. Schon bald kehrte Farbe ins Gesicht des Vaters zurück, seine Haut straffte sich, er richtete sich auf, erkannte seine Tochter und lächelte zufrieden. Da stürmte die Königin ins Zimmer, stürzte sich auf das Krankenbett und krallte sich in den Körper Kantois. Prinzessin Luana zeigte sich unbeeindruckt. Ihre Gesichtszüge verfinsterten sich wie der Himmel vor einem Gewitter. Sie griff nach dem Amulett, riss es der Hexe vom Hals und sprach eine Zauberformel. Das Schmuckstück zersprang in tausend Stücke und mit der Zauberkraft wich auch die Schönheit der Hexe, bis schließlich ein kleines runzliges Mütterchen übrig blieb.

„He, he, he", lachte dieses. „Du hast zwar den König gerettet und meine Zauberkraft zerstört, aber nun sieh zu, wie du aus deinem Affen wieder einen Mann machst!"

Und das war dann auch das Problem. Alles hätte wieder gut sein können, die Hexe war über alle Berge, Kantoi erholte sich schnell und machte Steuererhöhungen und Lohnkürzungen rückgängig, fuhr wieder mit den Fischern aufs Meer und saß abends im Schein eines Lagerfeuers mit ihnen am Strand, das Volk ging in seinem Palast aus Lehm, Muscheln und bunten Glassteinen ein und aus ... Nur Luana war traurig, denn ihr geliebter Makaio war nach wie vor ein Affe. Tag und Nacht saß sie über ihr Zauberbuch gebeugt und vertiefte sich in die Sprüche, bis sie endlich auf ein verheißungsvolles Rezept stieß.

> „Kakao, Kokos, Zuckerrohr,
> kein Affe kommt sich komisch vor;
> sieben Gewürze reingerührt
> und geschickt den Löffel geführt;
> ins Zauberwerk muss Liebe rein,
> kein Mann wird länger Affe sein!"

Ja, das musste es sein!

Doch ihre Freude wurde schnell getrübt. Zwar hatte Luana viele Talente, in der Küche aber zwei linke Hände. Sie konnte weder kochen noch backen, geschweige denn kleine Kunstwerke aus Kakao und Kokos herstellen.

„Ach Äffchen, ich kenne nur einen, der dieses hätte zubereiten können!“ sagte Luana. Das Äffchen nickte. „Was meinst du, wollen wir es gemeinsam versuchen?“ Und wieder nickte das Äffchen.

In der Schlossküche griff Luana nach diesem und jenem, und dem Äffchen wurde vor lauter Kopfnicken und -schütteln schon ganz schwindlig – um der Wahrheit die Ehre zu geben, meist musste es den Kopf schütteln, denn Luana machte fast alles falsch. Aber sie war mit dem Herzen bei der Sache, und am Ende eines langen Tages standen doch ein paar gelungene Süßigkeiten auf dem Tisch. Sie reichte dem Äffchen eine der Pralinen, das biss vorsichtig hinein – und im Nu verwandelte es sich zurück in den schönen Makaio.

Luana fiel ihm um den Hals, küsste und herzte ihn, und dann liefen die beiden zum König, der dem schönen Paar seinen Segen gab. Am Tag darauf wurde Hochzeit gefeiert, und das ganze Volk feierte mit. Als der König das junge Glück sah, meinte er, auch er könne ja wieder auf Brautschau gehen. Luana lächelte und dachte an ihr Zauberbuch, das sie von nun an griffbereit unter ihrem Kopfkissen verwahrte. Man konnte ja nicht wissen, ob der König dieses Mal eine bessere Wahl traf.

Pekanhonig-Trüffel

verlangt Fingerspitzengefühl

Zutaten

100 g Sahne
150 g klarer dickflüssiger Pekanhonig, alternativ Waldhonig
Mark einer Vanilleschote
400 g dunkle Schokolade
250 g Butter
dunkle Kuvertüre zum Überziehen

Tipp

Honig hilft bei Erkältungen, heilt Wunden und macht laut griechischer Mythologie Götter unsterblich. Ich finde ihn faszinierend, weil er von so kleinen Wesen hergestellt wird. Achten Sie beim Kauf auf das DIB-Siegel, dieser Honig unterliegt besonders strengen Kontrollen.

Nach wie vor wird Vanille eine entspannende, aphrodisische Wirkung nachgesagt. Die Indianer verwendeten sie auch als Mittel gegen Angst und Müdigkeit, und tatsächlich scheint es, als gäbe der Duft von Vanille verbrauchte Energie zurück und wirkt Heißhunger entgegen. Die geschmacklich besten Schoten stammen aus Mexiko und Madagaskar.

1 Die Vanilleschote mit einem scharfen Messer längs auseinander schneiden. Mit dem Messerrücken das Mark herausschaben und mit der Sahne aufkochen.

2 Über die zerhackte Schokolade geben und unter ständigem Rühren schmelzen. Sollte sich nicht alles auflösen, geben Sie das Gefäß ins heiße Wasserbad.

3 Sobald die Schokomasse Zimmertemperatur hat, die weiche Butter schaumig rühren, bis sie eindeutig heller geworden ist. Jetzt nach und nach die Schokolade mit dem elektrischen Handrührgerät unter die Butter mischen, so dass eine glatte Masse entsteht. Zuletzt den Honig vorsichtig unterrühren.

4 Geben Sie die Masse in einen Spritzbeutel mit großer Lochtülle und spritzen kleine Kugeln oder Türmchen auf Backpapier. Stellen Sie das Ganze für ein, zwei Stunden in den Kühlschrank und überziehen die Trüffel dann mit flüssiger Kuvertüre.

Varianten

Sie stellen die Pralinenmasse im Topf für ein paar Stunden kalt und formen dann mit dem Melonenausstecher kleine Kugeln aus der Masse. Nach einem erneuten Kurzaufenthalt im Kühlschrank können diese dann sofort mit Schokolade überzogen werden. Wer möchte, kann die fertigen Kugeln noch mit heller Schokolade verzieren.

Die Bienenkönigin

Vor langer Zeit, als die Wälder noch dunkel und undurchdringlich schienen, die Liebe noch magisch war und die Bienen den Menschen noch nicht dienten, lebten ein Mann und eine Frau in einem Dorf am Rande des Waldes. Irit und Ilan kannten sich von Kindesbeinen an und hielten zusammen wie Pech und Schwefel. Sie waren für einander bestimmt und glücklich, wenn sie nur zusammen sein konnten. Doch ein Wunsch blieb den beiden verwehrt. Sie hatten keine Kinder. Sie suchten Ärzte auf, fragten Kräuterweiber um Rat und ließen nichts unversucht. Sie blieben kinderlos. Als sie eines Tages von einer Wahrsagerin hörten, waren sie sich einig, erneut um Rat zu fragen.

Groß und schwer saß die Wahrsagerin in ihrem Zelt auf einem Haufen glänzender Kissen und musterte Ilan aus kleinen schwarzen Knopfaugen. Beim Sprechen atmete sie schwer, und wie sie so schnaufte, drang ein Summen durch ihre Nase. „Irit, du bist nicht schuld an eurer Kinderlosigkeit." Sie nahm einen kräftigen Schluck aus einem Glas mit goldener Flüssigkeit. „Es ist Ilan. Doch ich kenne einen Weg, euch euren Wunsch zu erfüllen. Ilan, nimm eine Haarsträhne deiner Geliebten und gehe bei Vollmond in den Wald. Suche dort nach Vanillekraut, und wenn du es gefunden hast, verzehre es an Ort und Stelle und sag ein Zaubersprüchlein auf. Dann kehre zurück, und in dieser Nacht wirst du ein Kind zeugen."

Sie beschrieb den Weg, und zwar vom Waldrand genau 2000 Schritte Richtung Westen, und schärfte Ilan ein, sich nicht ablenken zu lassen. Die Wahrsagerin summte und surrte, während sie sprach und das Sprüchlein auf ein klebriges Zettelchen notierte.

Beim nächsten Vollmond machte sich Ilan mit einem mulmigen Gefühl auf den Weg. Irit verabschiedete sich von ihrem Mann, küsste ihn und schaute ihm lange hinterher. Ilan jedoch drehte sich nicht nach ihr um, er schämte sich seiner Ängstlichkeit, die Irit sicher in seinem Gesicht erkennen würde. Der Boden knirschte unter seinen Schuhsohlen. Er lauschte dem Rhythmus seiner Schritte, bis er am Waldrand angekommen war. Dort war der Boden weicher und dämpfte die Geräusche seines Ganges. Konzentriert begann er, einen Fuß vor den anderen zu setzen. Fast lautlos trat er auf den Waldboden. Er roch herrlich nach Moos und Tannennadeln. Um ihn herum jedoch herrschte ein unerwartetes nächtliches Treiben. Hinter ihm quakten ein paar Kröten, Eulen schwangen auf der Jagd still und leise ihre Flügel. Hier und da knackte es im Gebüsch, ein Krabbeln und Rascheln, da ein kleiner Hase, hier ein paar blinkende Augen. 500... 501...502... nur nicht verzählen. Ilans Hand krampfte sich um seinen Beutel mit dem Frauenhaar. 520...521... ein angenehmer Duft zog ihm in die Nase. Diesmal schien es jedoch nicht der herbe Waldgeruch, nein, es duftete lieblich und lecker, der Duft umschmeichelte ihn und breitete sich sanft in seinem Brustkorb aus. Ilan versuchte sich weiter auf den Pfad zu konzentrieren, schnurstracks trabte er den Weg entlang, nach Westen, wie ihm geheißen. Süßlich zog der Geruch in seine Nase, wie eine frisch erblühte Blumenwiese streichelten die Duftpartikel seine Sinne. Wie berauscht lief Ilan weiter, das Wasser im Munde lief ihm zusammen. Jetzt zog ein herrlicher Honigduft durch die Bäume, als sei hinter einer der Tannen ein großes Fass lauwarmer Bienenkunst versteckt. Vielleicht könnte er ja auf dem Rückweg davon naschen, dachte Ilan bei sich und versuchte krampfhaft, seine Richtung einzuhalten und weiterzustolpern. 1424...1425... oder waren's doch schon 1524 gewesen. Ilan geriet ins Stocken. Hatte er sich vorhin, als er dem Hasen kurz nachgesehen hatte, verzählt? 1570... oder doch erst 1400. Er war müde und erschöpft, seine Glieder kraftlos. Nur seine Nase schien hellwach und sog den Honigduft gierig ein. Das Elixier vernebelte so langsam sein Gehirn, und klares Denken war ihm zu diesem Zeitpunkt nicht mehr möglich. Schließlich siegte seine Gier. Er würde den Weg noch einmal antreten, jetzt wollte er die Quelle seines Verlangens finden und ausschöpfen.

Kaum hatte er den Gedanken zu Ende gedacht, stand er vor einem großen dampfenden Eichenfass, vollgefüllt mit einem goldglänzenden wohlriechenden Saft. Ilan steckte erst vorsichtig eine Fingerspitze hinein und kostete. Der goldene Tropfen tanzte über seine Lippen, floss über seine Zunge den Rachen hinunter und breitete sich wohlig warm in seinem Bauch aus. Ihn verlangte nach mehr. Ja, das war wirklich das Köstlichste, was jemals seine Lippen berührt hatte. Es schmeckte nach Liebe, Hingabe, Sinnlichkeit, wie ein sanftes Kuscheln legte es sich auf seine Seele, streichelte den Gaumen, verführte zu immer mehr. Ilan tauchte seine Hand in das Fass und ließ den Honig langsam in den Mund tropfen. Mehr, mehr, schrie es in ihm. Er schöpfte den goldenen Saft heraus, trank aus der Handfläche, stöhnte vor Freude auf. Er konnte unmöglich aufhören. Er schleckte jeden einzelnen Finger ab, nur, um dann erneut die ganze Hand ins Fass zu stecken. Um ihn herum verschwamm der Wald, die Umgebung veränderte sich, und als das Fass schließlich leer war und Ilan aufblickte, war nichts mehr so wie vorher. Er stand vor einem Schloss.

Kaum hatte er sich einmal um sich selbst gedreht, war auch das Fass verschwunden und vor ihn trat ein vornehm gekleideter Waldelf. Seine kalten Augen musterten Ilan von oben bis unten, und er gab ein Zeichen, ihm ins Schloss zu folgen.
Ilan zögerte, bevor er den Schritt vom kühlen Wald in den dämmerigen schwülen sechseckigen Vorraum des Schlosses tat. Der Elf blickte über seine Schulter, um sich zu vergewissern, dass Ilan ihm folgte. Er hatte seinen grazilen Gang beschleunigt, Ilan musste schon fast laufen, um dem flinken Elf auf den Fersen zu bleiben. Er kämpfte sich durch die feuchte Wärme, die sich wie ein Schleier über die Räume und seinen Verstand legte. Ihm schien, als liefen sie im Kreis, doch hatte er die Orientierung verloren. Als sie einen der Räume betraten, umhüllten ihn Feuchtigkeit und reichhaltige Gerüche in einem Maße, dass ihm schwindelte. Der Elf bedeutete ihm, Platz zu nehmen, brachte eine Karaffe aus edlem Bleikristall und füllte deren glitzernden Inhalt in ein Glas. Ilan setzte es an seine Lippen, ließ das kühle Nass seine Kehle hinunter rinnen und warf sich zurück in die Kissen. Es kitzelte an seiner Wade, und er wischte gedankenverloren eine kleine Biene vom Bein. Ilan schloss für einen Moment die Augen und schlummerte ein.

Inzwischen machte sich Irit schreckliche Sorgen und Vorwürfe. Und weil sie nicht zur Ruhe kommen konnte, beschloss sie, sich am nächsten Morgen auf die Suche nach ihrem Ehemann zu machen. Schnell gelangte sie zu der von der Wahrsagerin bezeichneten Stelle, doch es fehlte jede Spur von Ilan. Die Sonne blinzelte unschuldig durch die Zweige und ein paar Bienchen tummelten sich auf den Blüten. Da lag nur die Haarsträhne, die sie Ilan mit auf den Weg gegeben hatte. Irit sank auf einen Stein und war verzweifelt. Sie weinte und schluchzte und war untröstlich. Sie wusste nicht, wie lange sie auf dem Stein gesessen hatte, als sie glaubte, ihren Namen rufen zu hören. „Irrrrit, Irrrit" – Irit dachte zuerst, sie würde sich das nur einbilden, doch die summenden Rufe hörten nicht auf. Eine kleine Biene war um sie herum geschwirrt und hatte nun vor ihr auf einem Zweig Platz genommen. „Irrrit, Irrrit, sei nicht unglücklich. Dein Mann ist noch nicht verloren. Er ist in den Händen der Bienenkönigin Deborah. Sie hat ihn auf ihr Schloss gelockt, und heute Nacht soll die Hochzeit stattfinden. Sie verwandelt all ihre Männer in Drohnen, die nach der Vereinigung ihr Leben lassen müssen. Die Frauen, die in ihre Gewalt geraten, werden zu Bienen, die ihr Leben lang für sie schuften müssen. Auch ich habe meinen Mann an Deborah verloren."
Irit traute ihren Ohren nicht. Sie rieb sich die Augen und kniff sich in den Arm. „Liebes Bienchen, was kann ich tun? Wie kann ich meinen Ilan retten?"
„Irit, Irit, es ist ein gefährliches Unterfangen. Du riskierst dein Leben. Trittst du ohne Tarnung auf das Gelände, würde man dich sofort entdecken und dein Tod wäre gewiss."

„Ohne meinen Ilan will ich nicht weiterleben. Sag mir nur, was muss ich tun?“

„Ich werde dich stechen, dann ist dein Körper voller Bienengift und man nimmt dich nicht wahr. Mindestens eine Stunde lang bleibst du unentdeckt und kannst dich in die Gemächer der Königin schleichen. Wenn du in den Vorraum des Schlosses trittst, musst du rechts herumgehen, sonst wirst du den Ausgang nie wieder finden. Versuche der Hitze zu widerstehen und nimm nichts zu dir. In einem der Räume wirst du deinen Mann finden. Sprich ihn jedoch nicht an, er wird dich nicht hören. Verschwende keine Zeit, laufe zur Königin und ziehe ihr den großen Stachel aus dem Unterleib. Ist dir das gelungen, stich ihn ihr direkt in die Mitte ihres Chitinkörpers. Aber sei vorsichtig, das Gift aus dem Stachel darf dich nicht berühren, sonst bist du auf der Stelle tot.“

Irit überlegte keine Sekunde. Die Liebe zu Ilan war stärker als die Angst um ihr eigenes Leben. Die Biene setzte sich auf ihren Arm und rammte ihren Stachel mit voller Wucht in Irits Haut. Ein stechender Schmerz durchzuckte sie. Irit spürte, wie das Gift langsam durch ihre Adern floss, es brannte und juckte und ihr Arm schwoll an. Das Bienchen begann zu pumpen und fiel auf den Boden. Der Stachel hatte ihm den halben Leib zerrissen, es taumelte und torkelte, bis es schließlich regungslos liegen blieb. Die Biene hatte ihr Leben geopfert, um Irit zu helfen.

„Nein!“, rief Irit aus, das hatte sie nicht bedacht. Sie legte den reglosen Tierkörper auf eine große Blüte und deckte ihn mit einigen Blütenblättern zu. Doch die Zeit stand nicht still. Vor sich sah sie plötzlich, wie schon Ilan in der Nacht zuvor, das Schloss der Bienenkönigin.

Als sie eintrat, kam ihr ein Schwall von dickem dichtem Dampf entgegen. Ihr schwindelte und in ihrem Arm brannte und pochte das Bienengift. Sie befand sich in dem sechsseitigen wabenförmigem Vorraum, von dem außer der Tür, durch die sie gekommen war, fünf weitere Türen abgingen. Sie begann rechts herum zu gehen und öffnete die erste Tür. Die Bienen bauten Waben. Sie schloss die Tür und betrat den nächsten Raum. In ihm waren die Waben bereits mit Honig gefüllt und der Duft war so verführerisch, dass sie schon den Finger hob, um zu naschen. Gerade rechtzeitig besann sie sich der Worte der kleinen Biene. Im dritten Raum standen Fässer mit goldgelber Flüssigkeit. Sie sahen einladend aus, und Irit verspürte großen Durst. Sie hatte gerade eine kleine Schöpfkelle von der Wand genommen und tauchte sie in den Honigsaft, als ein markerschütternder Schrei an ihr Ohr drang. Die Schöpfkelle versank im Honigfass, und Irit lief aus dem Raum. Sie öffnete die Tür zum vierten Gemach und durch ihr Herz ging ein Stich, als sie ihren Mann sah. Ilan lag zusammengerollt in einer großen Wabe. Er war nackt, und dichte Borsten wuchsen aus seiner Haut. Aus Mund und Nase tropfte gelblicher Schleim. Seine Augen blickten trüb und wie blind in den Raum. Drei Elfen bewachten den Wachskäfig. Im Wechsel beträufelten sie seinen Kopf mit Honigwasser, fächelten ihm Luft zu und massierten seinen Körper. Es fiel ihr schwer, den Rat der Biene zu befolgen und ihren Mann nicht anzusprechen. „Ich werde dich holen“, flüsterte sie vor sich hin. Mit tränenüberströmtem Gesicht wandte sie sich ab, schloss sanft die Tür, nahm einen tiefen Atemzug und öffnete die nächste Tür.

Ihre Augen brauchten ein wenig, um sich an die Dunkelheit zu gewöhnen, doch dann sah sie sie vor sich liegen. Fett und schwitzend mit einem pulsierenden Unterleib voller gallertartiger Eier. Deborah, die Bienenkönigin. Langsam pumpte sich das träge Leben durch ihren gebärfreudigen Körper. Es brodelte und gluckste, schmorte und zischte. Um sie herum schwirrten ein paar winzige geschäftige Elfen, die ständig den Körper temperierten, sauber wischten, beträufelten, streichelten und betreuten wie einen Goldschatz. Deborah drehte träge ihren Kopf in die Richtung, aus der Irit die Tür aufgestoßen hatte. Die Elfen jedoch, die im Vorzimmer bei Ilan gestanden hatten, waren Irit gefolgt. Schnell lief Irit um den Körper der Bienenkönigin herum, um an den langen Giftstachel zu kommen. Die Elfen waren dicht hinter ihr, anscheinend hatte die Wirkung des Gifts nachgelassen und ihre Tarnung war aufgeflogen. Mutig sprang Irit in die Luft auf den Stachel zu, griff mit beiden Händen danach und zog und zerrte mit all ihrer Kraft. Die aufgequollene Königin wimmerte dumpf, schwankte, schrie und quietschte jämmerlich. Irit zerrte weiter, stemmte ihre Beine in den dicken Leib und zog um ihr Leben. Das Wimmern war in schrilles Schreien übergegangen. Ein Ruck noch und der Stachel gab nach. Irit wurde gegen die Wand geschleudert. Fast hätte sich der Stachel wie ein Dolch in ihre Brust gebohrt, doch in letzter Sekunde konnte sie ihren Körper unter Kontrolle bringen und die Waffe von sich strecken. Sie stieß die blaffenden Elfen beiseite und bohrte den Stachel tief ins Innere der Bienenkönigin. Es ertönte ein spitzer, heller Schrei, der einem das Blut in den Adern gefrieren ließ, ein Zucken, dann brach das hässliche Riesenvieh tot zusammen. Irit, vom Kampf völlig erschöpft, fiel zu Boden und verlor die Besinnung.

Als sie die Augen wieder aufschlug, blickte sie in Ilans Gesicht. Sie hatte die Bienenkönigin besiegt und ihren Ilan befreit. Er hatte seine ursprüngliche Gestalt wieder angenommen. Das Schloss war verschwunden, stattdessen fanden sich die beiden eng umschlungen auf einer Lichtung wieder, umgeben nur von Sonnenschein, dem Duft blühender Blumen und dem Summen unzähliger Bienen. Sie küssten sich und konnten vor Erleichterung und Glück nicht voneinander lassen. Erst spät am Abend machten sie sich auf den Heimweg.

Als sie endlich in ihrem Heimatdorf ankamen, wurden sie von den Dorfbewohnern, die sich bereits Sorgen um sie gemacht hatten, freudig empfangen. Die Geschichte von der Bienenkönigin behielten sie allerdings für sich, man hätte sie ihnen doch nicht geglaubt.

Neun Monate später brachte Ilan ein Mädchen zur Welt. Freunde und Verwandte eilten zu den frischgebackenen Eltern, um sie zu beglückwünschen. Da sahen sie, dass die Seite des Hauses über und über mit Waben bedeckt war, in die Bienen ein- und ausflogen. Irit stand vor dem Haus mit ihrer Tochter auf dem Arm und gab ihr vom Honig, den die Bienen ihr brachten.

SIN AZUCAR
SUGAR FREE
VALOR

Stracciatella-Konfekt

einfach

Zutaten

150 ml süße Sahne
Mark von zwei Vanilleschoten
300 g dunkle Schokolade
1 Prise Salz
90 g Butterkekse/Shortbread
Läuterzucker/Stevia zum Abschmecken
50 g geröstete Kakaobohnensplitter (im Fachhandel)
ca. 100 g selbstgemachter Vanillezucker zum Bestäuben

Tipp

Vanille wirkt nicht nur aphrodisisch, sie verbreitet auch eine Art Wohlsein auf Körper und Seele. Vanille ist wie ein kleines Geschenk für zwischendurch. Mir macht Vanille einfach gute Laune.

Varianten

Sind die Kakaobohnensplitter nicht aufzutreiben, ersetzen Sie sie durch die gleiche Menge fein zerhackter Bitterschokolade oder Krokant.

1 Die Vanilleschoten längs halbieren und das Mark mit dem Messerrücken herauslösen. Zusammen mit der Sahne kurz aufkochen.

2 Topf vom Herd nehmen und nach und nach die klein gehackte Schokolade dazugeben und vorsichtig schmelzen lassen. Sollte sich nicht alles auflösen, helfen Sie mit einem heißen Wasserbad nach.

3 Die glatte glänzende Masse auf Zimmertemperatur abkühlen lassen. Nun die Kekse im Mörser zerkrümeln und zusammen mit den Kakaobohnensplittern unter die Schokomasse rühren.

4 Mit Läuterzucker oder Stevia abschmecken.

5 So lange mit dem Handrührgerät schlagen, bis die Masse etwas heller und fester wird. Für eine halbe Stunde in den Kühlschrank stellen, dann lässt sie sich besser weiter verarbeiten.

6 Mit kalten, sauberen Händen walnussgroße Pralinen formen, der Melonenausstecher oder ein Teelöffel helfen beim Portionieren. Zwischendurch immer wieder die Hände mit kaltem Wasser abwaschen, dann geht das Rollen einfacher.

7 Zuletzt in Vanillezucker wälzen.

Das Märchen vom Schafhirten Leander

Es war einmal ein Schafhirt namens Leander. Alle sprachen nur vom schönen Leander, denn er war ein Bild von einem Mann, groß gewachsen, mit markanten Gesichtszügen und dichtem, gelocktem Haar. Ein Blick in seine tiefblauen Augen und jedes Mädchen war ihm ergeben. Wenn er seine Schafherde durchs Dorf trieb, lauerten sie, um seine muskulösen Schultern oder den wohlgeformten Po zu bewundern, und manch wohliger Seufzer war zu hören. Der schöne Leander ließ dann ein selbstbewusstes Lächeln um seine Lippen spielen und fühlte sich in seiner Eitelkeit geschmeichelt. Zum Bedauern seiner weiblichen Bewunderer war Leander bereits einer jungen Frau namens Manja versprochen. In ein paar Wochen sollte Hochzeit sein. Auch Manja war mit Schönheit gesegnet, ihre kirschroten Lippen leuchteten kräftig, ihr langes volles Haar schimmerte seidig, und ihre schlanke Taille war biegsam wie ein Grashalm im Wind.

Braut und Bräutigam lebten beide noch bei ihren Eltern, die streng über die Keuschheit ihrer Kinder wachten. Manchmal besuchte Manja ihren schönen Leander auf der Schafweide, dann saßen sie schweigend nebeneinander, blickten sich ab und zu verzückt an und bewunderten die Schönheit des anderen. Weil aber der Tag der Hochzeit näher rückte und Manja allerlei vorzubereiten hatte, saß Leander nun meist alleine unter einem Baum und hütete die Schafe. Er genoss die Stille und vertrieb sich die Zeit mit Nichtstun. Manchmal jedoch wanderte er zum nahe gelegenen See herab und betrachtete begeistert sein Spiegelbild im Wasser.

Einmal wurde der schöne Leander von einem Gewitter überrascht. Gerade noch rechtzeitig konnte er in eine Berghöhle flüchten, dann brach der Himmel auseinander. Es goss in Strömen, und die Schafe suchten unter den Bäumen Schutz. Leander sah sich in der Höhle um, die nach hinten hin geräumig wurde und hoch, so daß es hallte, als er über die Steine lief. Er kam an eine Stelle, wo der Boden mit Moos bedeckt war und geradezu einlud, darauf Platz zu nehmen. Leander streifte seinen nassen Mantel ab, hängte ihn zum Trocknen über einen Felsvorsprung, machte es sich gemütlich und setzte fort, was er vor dem Wolkenbruch schon getan hatte, er döste vor sich hin. Da vernahm er ein leises Geräusch. Vielleicht ein Schaf, das sich hierher verirrt hat, vermutete er, denn ein Tapsen und Tropfen war zu hören und kam näher. Plötzlich stieg ein lieblicher Geruch in seine Nase. Es duftete so herrlich nach Vanille und Schokolade, dass ihm das Wasser im Munde zusammenlief. Und dann stand sie vor ihm, klein war sie, und alles an ihr schien rund zu sein. Sie reichte ihm gerade bis zur Brust und blickte ihn neugierig aus großen lustigen Augen an. Ihr nasses Haar tropfte in schwarzen schweren Locken über ihre Schultern, und ihr Lachen machte ihm sofort gute Laune.

Kubaisa hieß die Fremde, die ebenfalls in der Höhle Schutz vor dem Regen gesucht hatte. Ihre Schafherde weidete auf der anderen Seite des Berges. Leander musterte das kleine Persönchen und musste über ihre kurzen Beine lachen. Im gleichen Augenblick schämte er sich dafür. Sie hatte begonnen, ihre Tasche auszuleeren und verteilte allerlei Essbares auf einem Tuch. Leander bemerkte, wie sein Magen knurrte, und nahm die Einladung zum Essen dankbar an. Das Mahl war bescheiden, trotzdem schien ihm, als zergehe jeder Bissen auf der Zunge, und der köstliche Wein vernebelte ein wenig die Sinne. Sie schlemmten, als hätte der Kaiser zum Festmahl geladen, und verzehrten alles bis auf den letzten Rest. Leander strich Kubaisa einen Krümel aus dem Mundwinkel, und wieder lag ein Hauch von Vanille in der Luft. Der Regen hatte längst nachgelassen, und die Sonne war im Begriff unterzugehen. Also verabschiedeten sich die beiden voneinander, und Leander trieb seine Schafe in den heimatlichen Stall.

Am nächsten Morgen stand Leander ungewöhnlich früh auf und trieb eilig die Schafe auf die Weide. Dann streifte er durchs Gras, machte mal hier und mal dort Halt und blinzelte verstohlen der Sonne entgegen. Je höher sie wanderte, desto unruhiger wurde er. Er war längst außer Sichtweite seiner Herde, als er endlich fand, wonach er den ganzen Morgen schon suchte.
Kubaisa hatte es sich im Schatten eines Laubbaumes bequem gemacht und freute sich, als sie den Schafhirten erblickte. Sie plauderten ein wenig, und schon kam die gleiche unbeschwerte Stimmung auf wie am Vortage in der Höhle. Auch heute verwandelte Kubaisa das Treffen in ein kulinarisches Fest. Betört von Kubaisas Duft vergaß Leander die Zeit und konnte es kaum glauben, als das Abendrot sich über Hügel und Täler ergoß. Kubaisa verabschiedete sich mit einem Kuss auf seine Wange. Ein süßer Hauch ihres Vanilleduftes blieb an ihm haften.

Satt und zufrieden von den Erlebnissen des Tages kehrte Leander in das Haus seiner Eltern zurück. Verwandte, die bei der bevorstehenden Hochzeit dabei sein wollten, hatten sich einquartiert und lobten sein strahlendes Aussehen. Leander betrachtete sein Spiegelbild und machte kein Hehl daraus, dass er sich selbst ausgesprochen gut gefiel, heute sogar mehr denn je. Dann schlüpfte er unter die Bettdecke, doch lange hielt es ihn nicht dort. Kaum war die Sonne aufgegangen, machte er sich mit seinen Schafen auf den Weg zur Weide und traf, wie erhofft, Kubaisa dort an. Ihr Blick glitt begehrlich über seinen Körper und streifte immer wieder jene Stelle, die noch keine Frau berührt hatte. Anfangs machte ihn das nervös, doch dann bereitete es ihm süße Gefühle, von denen er mehr kosten wollte. Ihr kirschroter Mund zog ihn magisch an. Gebannt hing er an ihren Lippen, von denen Worte wie Honig in seine Seele tropften. Andächtig zeichnete sein Blick die Linien ihres sinnlichen Körpers nach. Die Schafe, die Familie, die Hochzeit, alles schien ihm auf einmal unwichtig. Nur diese Frau, die hier vor ihm saß und ihn mit ihrem Duft betörte, nur sie allein existierte. Er nahm ihr rundes Gesicht zwischen seine Hände und zog sie an sich heran. Langsam näherten sich ihre Lippen, und sie begannen sich zu küssen und zu liebkosen. Zärtlich knabberte Leander an Kubaisas Ohrläppchen, und sie seufzte verzückt. Ihre Berührungen wurden leidenschaftlicher, und es war, als wollten sie einander verschlingen.

Eine Woche lang, Tag für Tag, wiederholten sie ihr Stell-Dich-ein und steigerten ihren Sinnenrausch in schwindelnde Höhen. Die tägliche Ration wurde immer reichhaltiger, bis Kubaisa, gerade als er einmal mehr von ihren Lippen kosten wollte, das Gelage plötzlich unterbrach. Sie wich zurück und blickte ihn ernst an. „Du weißt, dass ich dich liebe", sagte sie, „und ich weiß, dass du mich liebst. Aber im Dorf reden alle von deiner bevorstehenden Hochzeit, oder ist mir entgangen, dass du sie abgesagt hast?"
Leander wand sich wie ein lichtscheuer Wurm, den man in die pralle Sonne geworfen hatte, aber schließlich gestand er, dass er überhaupt nicht daran denke, seine schöne Braut aufzugeben. Er würde Manja, wie vorgesehen, in der nächsten Woche zum Altar führen, und niemand könne ihn davon abhalten. Erst recht keine kleine pummelige Schafhirtin.
Kubaisas große Augen füllten sich mit Tränen. Sie fluchte in einer Sprache, die Leander fremd war. Dann nickte sie kurz mit dem Kopf, drehte sich um und verschwand.
Ein eisiger Wind pfiff plötzlich über die Weide. Leander fröstelte und beschloss, seine Herde heute früher in den Stall zu treiben.

Am nächsten Morgen blickte er wie jeden Tag in den Spiegel, doch sein schönes Bild konnte ihn heute nicht aufheitern. Im Gegenteil, beinahe fühlte er sich vom eigenen Antlitz abgestoßen. Der Glanz in seinen Augen war einem stumpfen Ausdruck gewichen. Auch verspürte er keinen Appetit, fühlte sich schlapp und müde und schleppte sich mühsam den Weg zur Weide. Das ging so, bis der Tag der Hochzeit kam. Der Anblick seines Hochzeitsrockes ließ seine Laune steigen, und schon bald überdeckte die Vorfreude auf seine schöne Braut die trübe Stimmung der letzten Tage. Heute würden sie das schönste Hochzeitspaar sein, das die Welt je gesehen hatte!

Eine Menge Schaulustiger hatte sich schon vor der Kirche zusammengefunden. Kinder jubelten und streuten Blumen auf den Weg. Die Kapelle war festlich geschmückt, und es duftete nach frischen Blumen. Die Hochzeitsgesellschaft hatte sich fein herausgeputzt, und als der schöne Leander von seinem Bruder zum Altar geführt wurde, ging ein Raunen durch die Reihen und manch anerkennender Blick fiel auf den Bräutigam. Beim einsetzenden Orgelspiel öffnete sich die Tür. Die Braut schwebte wie ein Traum aus weißer Seide über den ausgelegten Teppich in die Kirche. Leichtfüßig und anmutig schritt sie an der Seite ihres Vaters auf Leander zu. Sie strahlte, obwohl der Schleier noch ihr Antlitz verdeckte.
Das Zeremoniell verlief in vorgeschriebener Weise, und endlich durfte Leander den Schleier lüften und seine Braut küssen.
Was war das für eine Freude, als sich die beiden schönen Menschen unter den Augen ihrer Freunde und Verwandten das Ja-Wort gaben und einander ewige Treue und Liebe schworen. Die Menge jubelte ihnen zu, als sie die Kapelle verließen und sich, eingehüllt

in eine Wolke aus Glück, zu ihrem Fest begaben. Der Jubel war Balsam für Leanders eitle Seele. Die kleine runde Gestalt, die am Kirchenportal stand, bemerkte er gar nicht.

Sie feierten bis tief in die Nacht. Erst als die Füße vom vielen Tanzen schmerzten, fielen die Frischvermählten ins Bett. Nun konnte endlich die Hochzeitsnacht beginnen. Die Nacht, auf die sie so lange gewartet hatten! Sehnsüchtig räkelte sich Manja auf dem großen Bett. Leander betrachte stolz ihren wunderbaren Körper, der wie hingegossen im rötlichen Licht der Morgensonne erstrahlte. Was er sah, überstieg seine Vorstellungen bei weitem – und er hatte sich wer weiß wie oft diese Situation ausgemalt. Und trotzdem regte sich nichts bei ihm. Müde und schlaff redete er sich auf Wein und Tanz heraus, so dass die Braut Verständnis zeigen musste, obwohl ihr die Enttäuschung ins Gesicht geschrieben stand. Traurig rollte sie sich zur Seite und schlief voll unerfüllter Wünsche ein. Leander bekam in dieser Nacht kein Auge zu und stahl sich bereits früh aus dem Schlafzimmer, um seine Schafe zur Weide zu führen. Die Tiere kauten wie immer monoton das Gras der Weide, der Himmel erstrahlte im gewohnten Blau, die Wolken zogen im gleichen Tempo an ihm vorbei.

Auch an den folgenden Tagen konnte Leander seine ehelichen Pflichten nicht erfüllen. Wochen und Monate vergingen, nichts änderte sich.
Ließen sich ihre Spannungen anfangs noch verheimlichen, war bald nicht mehr zu übersehen, dass ihr Eheglück getrübt war. Auch wartete das Dorf darauf, dass Manja schwanger würde, doch nichts dergleichen geschah. Leander zog sich immer mehr zurück, redete kaum noch ein Wort, und Manja reagierte gereizt, wenn jemand sie ansprach.

Eines Tages wölbte sich dann doch eine Kugel unter Manjas Kleid, und etwas später brachte sie eine gesunde Tochter zur Welt. Leander stellte vom Tag der Geburt des Kindes das Reden völlig ein. Man sah ihn kaum noch in Gesellschaft seiner Frau, und er mied den Umgang mit dem Kind, das jedermann mochte, denn es war ein schönes und fröhliches Kind. Wenn man in seine Nähe kam, konnte man einen feinen Hauch von Vanilleduft wahrnehmen. Genau wie bei den beiden Söhnen, die Manja in den Jahren darauf zur Welt brachte.

Leander alterte zusehends. Er litt an der Untreue seiner Frau, stumm und in sein Schicksal ergeben bis zu dem Tag, an dem er beim Schafehüten vom Blitz getroffen wurde. Da war er aber schon ein alter, grauhaariger Mann.

Kubaisa erschien noch vielen Männern. Irgendwann jedoch heiratete sie einen Waldelfenkönig und bekam selbst ein paar Kinder, die allesamt nach Vanille dufteten – wie sie selbst auch.

Mohnkugeln

einfach

Zutaten

125 ml süße Sahne
200 g dunkle Schokolade
100 g ungemahlener Mohn
(weißer Mohn ist ein Akzent)
geriebene Muskatnuss, ca. ½ TL
75 g Butter
Abschmecken mit neutraler Süße,
z.B. Stevia, 1-2 EL Agavendicksaft oder
Zuckersirup
Schokohohlkörper oder 200 g dunkle
Kuvertüre zum Überziehen
etwas Mohn zur Deko

1 Sahne für ca. zwei Minuten mit dem geriebenen Muskat aufkochen lassen. Vom Herd nehmen und die klein gehackte Schokolade darin schmelzen.

2 Die Mohnsamen unterheben und bei Bedarf mit Stevia oder Dicksaft abschmecken. Für ca. eine Stunde abkühlen lassen.

3 Mit dem elektrischen Handrührgerät die weiche Butter unterrühren. Sobald sich die Masse durch das Rühren heller färbt, ist die richtige Konsistenz erreicht.

4 Die Crememischung sofort mit der Spritztülle verarbeiten und in die Hohlkörper füllen. Nach dem Erkalten mit dunkler Kuvertüre verschließen und mit dem restlichen Mohn verzieren.

Tipp

Auch Muskat gilt als Aphrodisiakum und soll sogar die Wirkung von Alkohol verstärken. Wegen seiner halluzinogenen Wirkung ist er in großen Mengen mit Vorsicht zu genießen.

Aus Mohnmilch entsteht Opium. Aber keine Sorge, der normale Mohn narkotisiert nicht. Hier wirkt er höchstens entspannend und verfeinert durch seinen nussigen Geschmack!

Varianten

Alternativ verquirlen Sie die Mohnmasse noch etwas länger mit dem Handrührgerät und portionieren die Pralinen mit Hilfe des Spritzbeutels auf ein mit Backpapier ausgelegtes Blech. Nach ein bis zwei Stunden im Kühlschrank lassen sich die Pralinen hervorragend mit flüssiger Kuvertüre überziehen. Zuletzt streuen Sie noch etwas Mohn über die Trüffel.

Die sibirische Eisprinzessin

Es war einmal vor vielen vielen Jahren ein junger Bauernbursche namens Jurij, der lebte im kalten Sibirien. Weil der Hof der Eltern nicht genug abwarf, um die Familie zu ernähren, schickte der Vater Jurij, den jüngsten seiner Söhne, an den Hof des Königs, wo er sich verdingen sollte. Jurij war ein umsichtiger Bursche von allerlei Geschick, und so nahm man ihn gern bei Hofe und betraute ihn mit all und jeder Aufgabe. Er verstand es, schöne Dinge aus Holz zu machen, unter seinen Händen gediehen die Pflanzen im Kräutergarten besonders gut, ging er dem Koch zur Hand, mundeten die Speisen dem König über die Maßen. Und abends, in der Gesindestube, erzählte Jurij so wunderbare Geschichten, dass jedermann ihm lauschte und nicht genug davon bekommen konnte. Die Kunde davon drang auch zum König, er ließ den Burschen zu sich rufen, forderte ihn auf, eine Probe seiner Erzählkunst zu geben, und weil ihm gefiel, was Jurij vortrug, ernannte er ihn zum königlichen Geschichtenerzähler, zuständig für die Unterhaltung der Prinzessinnen Lina und Stella.

Die jungen Damen liebten seine Geschichten, in denen mutige Ritter gegen große Drachen kämpften, Feen und Elfen zauberten, was das Zeug hielt, und schöne Prinzen Königreiche und Prinzessinnen eroberten. Die beiden Königstöchter fieberten der nachmittäglichen Geschichten-Stunde geradezu entgegen, doch während Stella stets an seinen Lippen hing, neigte Lina dazu, ihn zu unterbrechen. Mal schickte sie ihn nach einem Glas Milch, weil sie Durst verspürte, mal nach einer Süßigkeit, nach der ihr gelüstete, und es konnte auch geschehen, dass sie verlangte, er solle eine Geschichte anders, nämlich genau so, wie sie es wollte, erzählen.

Lina war auffälliger als ihre Schwester. Sie trug nur die besten Stoffe, natürlich in reinstem Weiß, wie es einer Prinzessin Sibiriens gebührt. Ihr schwarz glänzendes Haar ließ sie zu kunstvollen Figuren mit güldenen Kämmchen und Spängchen frisieren. Ihre Wangen strahlten rosig, ihr edler blasser Teint schmeichelte den eisblauen Mandelaugen, so dass eine elfenhafte Aura sie umgab. Mit glockenklarer Stimme sprang sie singend durch den großen Park, der meist über und über mit Schnee bedeckt war, und tummelte sich im Heckenlabyrinth, bis der besorgte König den leidgeprüften Hofgärtner ausschickte, die Tochter zu suchen. Dieses bezaubernde Wesen wusste durchaus, dass sie Papas Liebling war und ihr jeder Wunsch von den Augen abgelesen wurde. So konnte sie es sich leisten, jeden und jede herumzukommandieren, und derjenige, der sich ihr widersetzte, wurde alsbald vom Hofe gejagt.

Nun hielt der König die Zeit für gekommen, seine Töchter zu verheiraten. Nachdem sie ihr allabendliches Mahl im Speisesaal an der meterlangen massiven Holztafel unter silbernen Kronleuchtern gehalten hatten, bat er seine Töchter zu verweilen.

Der Raum wurde vom Schein zahlloser Kerzen erleuchtet. Dicke Bärenfelle schmückten den Boden, und an den Wänden prangten die Ölgemälde der Vorfahren.

„Nun, meine Kinder", hub der König an, „ich sehe, ihr seid zu jungen Frauen herangewachsen. Stella, du bist mit Klugheit gesegnet, und du, Lina, bezauberst durch deine Schönheit und Anmut. Ich denke, es ist an der Zeit, dass ihr euch einen Mann erwählt." Hier räusperte er sich bedeutungsvoll und fügte hinzu: „Was natürlich meiner väterlichen Unterstützung bedarf."

Lina pflichtete ihrem Vater begeistert bei, Stella hingegen, die jüngere, bat darum, ihr noch ein wenig Zeit zu gewähren. Da der König ein verständnisvoller Vater war, gestand er Stella dieses zu und kümmerte sich mit Enthusiasmus um die Hochzeit seiner ersten Tochter.

Schon am nächsten Tag schickte er berittene Boten in die Nachbarkönigreiche, um Könige, Prinzen und andere hochgestellte Personen ins Schloss einzuladen, damit die Prinzessin sich einen Bräutigam aussuchen konnte. Sie strömten von überall her, Linas außergewöhnliche Schönheit hatte sich weit über die Landesgrenzen hinaus herumgesprochen.

Der große Tag der Bräutigamschau war gekommen, und der Thronsaal füllte sich. Die edlen Herren, die um Linas Hand anhalten wollten, traten nacheinander vor den silbernen Thronsessel, auf dem sie Platz genommen hatte. Sie trug ein mit Edelsteinen besticktes weißes Seidenkleid und erstrahlte schön wie der Mondschein. Doch jedes Mal, wenn ein junger Mann ihr den Hof machte, Komplimente verteilte, sie seiner grenzenlosen Liebe versicherte, schüttelte sie ablehnend den Kopf. Keiner war ihr gut genug. Als auch der letzte sein Glück vergebens versucht hatte, erhob sie sich stolz und sprach:

„Nun, liebe Anwesende. Das alles hier hat mich zu Tode gelangweilt, und den vielen Liebesbekundungen mag ich nicht glauben, so lange mir nicht bewiesen wird, dass mein zukünftiger Gatte bereit ist, mir meinen Herzenswunsch zu erfüllen. Ich habe alle Reichtümer, die man nur begehren kann. Aber mein Sinn steht nach dem sibirischen Silbermohn, der der Frau, die eine solche Blüte im Haar trägt, unvergleichliche Schönheit verleiht. Er wächst nur auf dem Berg Suchanicha. Wer dorthin gelangen will, muss Tiger und Wölfe besiegen. Selbst wenn ihm das gelingt, birgt der Rückweg ungeahnte Gefahren. Da der Mohn nur volle zwölf Stunden seine Blätter behält, ist es noch nie jemandem gelungen, den Menschen eine Blüte zu bringen. Derjenige, der mir diesen Mohn beschafft, der soll mein Ehemann werden!"

Auch Jurij hatte, zurückgezogen in einer Ecke, der Rede gelauscht. Nun bebte sein Herz und seine Nasenflügel zitterten. Auch er war fasziniert von der Schönheit der Prinzessin, aber nie hätte er als einfacher Bauernsohn um ihre Hand anhalten können! Wenn sie aber eine solche Bedingung stellte, nun, dann durfte auch er sich unter die Bewerber reihen.

Es war kein einziger unter den Freiern, der nicht überzeugt war, er sei der rechte und könne den Wunsch der Prinzessin erfüllen. Sie riefen nach ihren Dienern, ließen ihre Pferde satteln, der eine oder andere bevorzugte auch eine bequeme Reisekutsche, aber eilig hatten es alle. Auch Jurij packte schnell ein Stück Speck, einen Wasserschlauch und einen Laib Brot ein, vergaß nicht, ein scharfes Messer zum Schneiden dazuzulegen, und steckte ein feines kühles Seidentuch ein, in das er den Mohn dann wickeln würde. Er rief seine Hunde, spannte sie vor den Schlitten und wollte gerade in Richtung Suchanicha aufbrechen, als Prinzessin Stella, der seine Absicht nicht entgangen war, zu ihm trat. „Pass auf dich auf, lieber Jurij, und nimm als Wegzehrung diese Küchlein mit, die ich bereitet habe." Sie drückte ihm ein kleines Schächtelchen in die Hand. Jurij dankte artig, verstaute das Geschenk in seinem Proviantsäckchen, das er auf seinen Rücken warf, und schnalzte mit der Zunge. Das war das Zeichen für die braven Schlittenhunde. Hurtig zogen sie ihren Herrn über die weiße, glitzernde Fläche, dass die Kufen im Schnee knirschten.

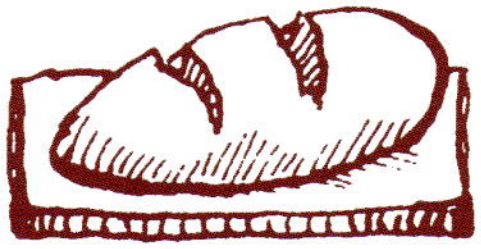

Erst nach vielen Stunden kam Jurij an einen großen dunklen Wald, wo er Halt machte. Es war bitter kalt, und er wickelte seinen Umhang fester um die Schultern. Die Atemluft gefror ihm in der Lunge, er zitterte. Er wollte die Hunde weitertreiben, doch sie rührten sich nicht von der Stelle und begannen stattdessen laut zu kläffen. Also blieb ihm nichts weiter übrig, als vom Schlitten zu steigen. Er ließ die Hunde am Waldesrand etwas herumschnüffeln, weil er hoffte, sie würden sich beruhigen. Doch als es plötzlich aus dem dunklen Wald heraus krachte und grummelte, rannten sie jaulend und mit eingekniffenen Schwänzen schnurstracks in Richtung Heimat. Jurij konnte seinen Gefährten nur einen letzten Blick hinterhersenden, ließ sich aber nicht entmutigen. Er vergewisserte sich, dass sein Proviantsäckchen wohlbehalten auf seinem Rücken baumelte, und betrat den finsteren Wald.

Der Boden war angenehm weich, und es war ein wenig wärmer als auf dem freien Feld. Jurij genoss die frische Luft, die seine Lungen beflügelte. Schnellen Schrittes wanderte er und hatte bereits ein gutes Stück zurückgelegt, als er ein krächzendes Wimmern in den Waldbeerbüschen hörte. Er blieb stehen und hielt den Atem an. Was war das? Ein Tier, das sich verfangen hatte, oder gar einer seiner Konkurrenten? Seine innere Stimme riet ihm zum Weitergehen, doch kaum war er ein paar Schritte gelaufen, wurde das Wimmern lauter. „Hilf mir, hilf mir, ich bin in einem Felsen eingeklemmt und komme nicht mehr heraus." Jurij gab sich einen Ruck, kämpfte sich durch die dornigen Büsche und siehe da, hinter den Waldbeerbüschen türmte sich ein großer Steinhaufen auf, und inmitten der Felsbrocken saß ein altes Weiblein mit grauen Haaren und runzliger Haut, das schrie und krakelte, als habe es große Schmerzen. Schnell kletterte Jurij hinüber und begann die Steine fort zu schleppen. Die Alte hatte sich am Bein verletzt und blutete stark. Beherzt griff er in sein Säckchen und opferte sein Seidentüchlein, um dem Weib das Bein abzubinden. „Tausend Dank, du bist ein guter Junge. Den Rest des Weges werde ich alleine schaffen, denn ich spüre, du bist in Eile. Viel Glück!“

Verwundert über die schnelle Verabschiedung kehrte Jurij zum Bergpfad zurück. Als er sich noch einmal umdrehte, war von der Alten keine Spur mehr zu entdecken. Um die verlorene Zeit aufzuholen, zog er das Tempo an, aber der Weg wurde steiler und anstrengender. Der Berg schien nahe zu sein. Da hörte er ein so fürchterliches Jaulen und Winseln, dass es ihm durch Mark und Bein fuhr. Wenige Meter weiter entdeckte er einen großen weißen Wolf, der schwach und krank auf der Erde lag. Er hatte sich in einem Seil verfangen und kämpfte wohl schon seit Tagen, doch war er nur immer fester in die Falle geraten. Jurij wusste nicht, was zu tun war. Befreite er das schöne Tier, würde es ihn vielleicht fressen! Ließ er es liegen lassen, müsste der Wolf jämmerlich verenden. Er fasste all seinen Mut zusammen und stammelte vor sich hin: „Tu mir nichts, ich will doch nur helfen.“ Der Wolf hielt auch ganz still, als Jurij das Seil mit seinem Messer durchschnitt und das Netz, das sich um das Riesentier zusammengezogen hatte, entfernte. Kaum war der Wolf befreit, sprang er in die Höhe, heulte kurz auf und machte sich auf und davon.

Seine sieben Sachen geschultert, wanderte der Bauernbursche zielstrebig zur Mohnwiese. Obwohl er schon den ganzen Tag unterwegs war, fühlte er sich frisch und voller Tatendrang. Am Bergesrand angekommen, bemerkte er einen großen Vogel, der erschöpft am Fuße eines Baumes lag. Das Adlerweibchen war am Flügel verletzt, weswegen es keine Nahrung für seine Jungen besorgen konnte. Die schrieen gellend aus ihrem Nest in die Welt hinaus und verlangten nach Fleisch. Jurij griff sich sein Stück Speck und kletterte die dichte Tanne nach oben, zerriss das Fett in kleine Stückchen und verteilte es gerecht unter den Adlerjungen. Als er wieder herunterkam, blickte ihm das Adlerfrauchen dankbar aus runden gelben Augen entgegen. Er gab dem Vogel aus seinem Wasserschlauch zu trinken, machte sich dann aber wieder auf, den Berg zu erklettern.

Nach einem mühsamen Aufstieg erreichte er die Mohnwiese. Oben wehte ein eisiger Wind, und Jurijs Zähne klapperten. Seine Lippen waren blau und seine Finger steif vor Kälte. Gar nicht weit entfernt erblickte er das Feld, auf dem der schönste Frühlingstag zu herrschen schien. Der Mohn wirkte frisch, die Blüten glänzten im Sonnenlicht, und Jurij war schier geblendet von der Pracht. Tellergroß waren die silbernen Blüten, und Jurij näherte sich dem kleinen Stück, auf dem der Mohn wuchs, voller Ehrfurcht. Er versuchte, eine der Blumen abzuschneiden. Doch er war erschöpft, seine Kräfte waren aufgebraucht. Da besann er sich der Küchlein, die ihm Stella mitgegeben hatte. Er schob sich eines der leckeren Stücke in den Mund, und schon spürte er seine Kräfte wiederkehren. Dann kappte er einen der Stängel, ließ die anderen, um nicht noch mehr Zeit zu verlieren, unberührt und machte sich mit seiner Blüte auf den Rückweg. Die Zeit war knapp, schließlich hatte er für

den Hinweg schon einen ganzen Tag gebraucht. Wie sollte er den Rückweg schaffen, wenn die Mohnblüte doch nur zwölf Stunden haltbar war?
Eilig kletterte er den Berg hinab und kam unten an, als die Nacht hereinbrach. Man konnte kaum die Hand vor Augen sehen. Nur der Silbermohn reflektierte ein wenig das Mondlicht und wies den Weg, so dass der einsame Wanderer sich nur mühselig voran tasten konnte. Da jagte plötzlich eine Windböe durch den Wald, Jurij wurde von hinten gepackt und in die Höhe gehoben. Mit rasender Geschwindigkeit flog er durch die Luft. Zweige schlugen ihm ins Gesicht. Er presste den Mohn schützend an seine Brust, aber da war die Reise auch schon wieder zu Ende. Der Vogel landete auf einer Lichtung und entließ ihn aus seinen Krallen. „Bis hierhin kann ich dich bringen. Dies war mein Dank, dass du meine Frau und meine Kinder vor dem Verhungern gerettet hast." Sprach's und und flog zurück zu seinem Nest.

Schön, dachte Jurij etwas benommen, ein gutes Stück Weges gespart. Doch lag noch eine lange Strecke vor ihm. Gerade erfreute ihn der Gedanke, dass er bisher keinen einzigen Mitstreiter entdeckt hatte, als mit lautem Holldrio einer der Freier – Jurij erinnerte sich genau an ihn – mit gezücktem Schwert auf ihn zustürmte. „Gib mir die Blume", schrie er, „sonst werde ich dich töten!" Jurij war gewiss nicht ängstlich, aber angesichts des Schwertes wusste er nicht, wie er sich seiner Haut wehren sollte. Da stürmte plötzlich ein großer weißer Wolf auf den Missetäter zu, fletschte die Zähne und knurrte ihn wütend an. Der ließ vor Schreck sein Schwert fallen, nahm die Beine in die Hand und verschwand auf Nimmerwiedersehen. Ganz friedlich trat der Wolf auf Jurij zu: „So lauf los, du bist doch in Eile." Sprach's und trabte zurück in den Wald.

O ja, der Zwischenfall hatte ihn wieder Zeit gekostet. So sehr er sich auch sputete, er kam zu langsam voran und spürte, wie seine Füße ihm den Dienst versagen wollten. Entkräftet ließ er sich auf einen Baumstumpf niederfallen. Da legte sich eine Hand auf seine Schulter. „Steh auf, Jurij, sieh, was ich dir gebracht habe!" Das alte Mütterchen stand vor ihm, reichte ihm prächtige Kleider und wies auf eine Kutsche aus Elfenbein mit zwölf schneeweißen Hunden. Da kehrte Jurijs Zuversicht zurück. Er warf die schönen Kleider über und verwandelte sich in einen Prinzen. Kaum hatte er die Kutsche bestiegen, rasten die Hunde in Windeseile zum Schloss.

Dort erkannte niemand in ihm Jurij – den Bauernsohn, Tausendsassa und Geschichtenerzähler. Das Gesinde gab den Weg für den schmucken Prinzen frei, und er schritt in Richtung Thronsaal. Auf dem Weg dorthin bemerkte er Stella, und ihm schien, als würde sie ihm zunicken.
Lina wartete schon ungeduldig auf die Rückkehr wenigstens eines der heiratswilligen Männer. Nicht auszudenken, wenn keiner diese Aufgabe erfüllte! Wie stünde sie da! So registrierte sie mit Genugtuung das

Auftreten des vermeintlichen Prinzen. Jurij schritt auf Lina zu, um ihr den Silbermohn zu überreichen, doch verspürte er weder Glück noch ein Gefühl des Sieges. Nervös zu Boden blickend, überreichte er ihr den Mohn. Lina griff nach dem Stängel, wendete ihn hin und her, zuckte mit den Schultern, warf den Mohn vor Jurijs Füße und sagte abfällig: „Der gefällt mir nicht. Ich hatte ihn mir anders vorgestellt. Er wird meiner Schönheit überhaupt nicht gerecht. Das hättet Ihr doch sehen müssen, als Ihr ihn gepflückt habt!“

Jurij starrte noch immer auf seine Schuhe und dann auf den Mohn, der zu seinen Füßen lag. Er war ganz ruhig und wunderte sich nicht einmal darüber, als er merkte, wie sich seine eingebildete Verliebtheit verflüchtigte. Als er Lina ins Gesicht sah, erblickte er nur Hochmut und Gefühlskälte. Sie erschien ihm auch nicht mehr halb so schön wie einst. Er spürte, dass sie niemals irgendjemanden lieben würde außer sich selbst. Der Glanz aus ihren Augen war verschwunden, trüb und gelangweilt blickten sie in die Runde, die Stimme klirrte durch den Raum und ließ die Fenster beschlagen, und ihr Rücken krümmte und wölbte sich unter ihrer Unersättlichkeit.

Da spürte er eine sanfte Hand auf seiner Schulter und erkannte Stella. Sie hatte den Mohn aufgehoben und in ein Glas mit frischem Wasser gestellt. Tief blickte sie Jurij in die Augen und lächelte. Jurij verstand und nahm Stellas Hand. Sie gingen hinaus in den Schnee, und Jurij erzählte ihr von seiner Reise durch den Wald und von seinen Abenteuern. Stella hörte ihm zu, staunte, lachte, freute sich und war dankbar, dass er alles heil überstanden hatte.

Obwohl die beiden an diesem Tag ihre Liebe zueinander entdeckten, heirateten sie erst viele Jahre später. Nach dem Tod des Königs regierten sie gemeinsam das Reich. Den Zauberwald ließ Jurij schützen, und eine Abholzung war strengstens verboten. Stets stand ein Silbermohn im Schlafzimmer der beiden. Mit geschickten Händen hatte Stella junge Pflänzchen gezogen, und bald wuchs der Silbermohn überall in Sibirien, so dass jeder ihn bewundern konnte.

Asiatisches Limonenkonfekt

mittelschwer

Zutaten

150 ml Kokosmilch (kann durch Sahne ersetzt werden)
100 g Mascarponecreme
1 Stange Zitronengras
4 Kaffirblätter (Zitronenblätter)
1 daumengroßes Stück Ingwer (wer keinen Ingwer mag, kann ihn weglassen)
abgeriebene Schale von ½ Limone (unbehandelt!)
2 EL Zitronensaft zum Abschmecken
2 EL Zuckersirup/Agavendicksaft
1 EL Sake (Reisschnaps) oder Wodka
Schokohohlkörper, Kaffirblätter in Streifen geschnitten zur Deko
alternativ Stanniolförmchen

Tipp

Zitronengras macht frisch und fördert die Denkfähigkeit. Ideal also für eine kleine Arbeitspause!

Ingwer ist gut für den Magen und sorgt im Sommer für eine bessere Hitzeverträglichkeit.

Varianten

Phantastisch schmeckt das Konfekt auch gefroren. Dafür sollten Sie nur den Zucker- und Limonensaftanteil um ein Drittel erhöhen, da sich der Geschmack im gefrorenen Zustand schwerer entfaltet.

1. Das Zitronengras etwas zerkleinern und zusammen mit den Kaffirblättern und dem Stück Ingwer in der Kokosmilch etwa für zehn Minuten kochen.

2. Ist die Kokossahne um etwa die Hälfte reduziert, den Topf vom Herd nehmen und abkühlen lassen.

3. Masse durch ein Sieb schütten, Mascarpone und den Sake bzw. Wodka unterrühren.

4. Die abgeriebene Limonenschale und den Sirup unterheben, mit Limonensaft abschmecken und mit dem elektrischen Handrührgerät mindestens fünf Minuten rühren.

5. Mit einer Spritztülle in die Schokohohlkugeln füllen und kalt stellen. Ist die Masse etwas fester geworden, können die in feine Streifen geschnittenen Kaffirblätter dekorativ drapiert werden. Im Kühlschrank aufbewahren!

Der verbotene Dschungel

Es war einmal ein Land, in dem die Luft so feucht war wie das Wasser, und ein tiefer Urwald bedeckte den größten Teil dieses Landes. Bei Tag leuchteten die verschiedenen Gewächse in einem Smaragdgrün, bunt waren die Papageien und verführerisch die Gerüche der Kräuter und Blumen, die am Rande des Dschungels wuchsen. Des Nachts drang das Gekreisch der Dschungeltiere bis in die Hütten der Dörfer und in die Träume der Menschen. Mühsam rangen sie dem Dschungel Weideflächen für ihre Tiere und Gärten für ihre Häuser ab. Manchmal spie der Dschungel auch Überraschungen aus. So war eine Gruppe von Drachen aus dem Urwald zu den Menschen übergesiedelt, die sich seit Generationen als Hausdrachen bewährt hatten. Die sprechenden Papageien, die des Vorsagens der Menschen nicht bedurften, gehörten auch seit Menschengedenken zum Dorf.

Und die würzigen Kräuter am Rande des Dschungels waren schmackhaft und hatten heilende Wirkung. Doch wehe dem, der sich zu weit hinein wagte. Übermütige Kinder, junge abenteuerlustige Jäger und Frauen, die beim Kräutersammeln nicht auf den Weg geachtet hatten, verschwanden Jahr für Jahr. Doch wohin, wusste niemand zu sagen, und bald entstanden Legenden um das Herz des Urwaldes, der wie das Paradies sei, wo all die Verschwundenen beisammen wären und nur den Weg zurück nicht finden konnten oder wollten.

Die Jahre verstrichen. Doch jetzt, so schien es, kam nur noch Schlechtes aus dem Urwald. Unter den Kreaturen des Dschungels, die sich in die Nähe der menschlichen Siedlungen begaben, waren auch große Spinnen, die in die Häuser und Vorratslager krochen. Das war nicht nur unangenehm, sondern gefährlich, denn es waren giftige Spinnen, und bissen sie einen der Dorfbewohner oder einen jungen Hausdrachen, half nur ein Gegengift, das die Bewohner aus den Raupen an den Maispflanzen gewannen. War das Gift nicht zur Hand, bedeutete das den sicheren Tod.

Auch Tirrot und Nok waren im Dschungeldorf groß geworden. Von Kindesbeinen an hatten sie alles gemeinsam erlebt. Tirrots Eltern waren die ersten, die den Spinnen zum Opfer gefallen waren, und Noks Eltern hatten den Jungen bei sich aufgenommen. Obwohl sie unterschiedlicher nicht sein konnten, Nok, die ruhige sanfte Schönheit, und Tirrot, dem der Schalk im Nacken saß und der immer auf der Suche nach neuen Abenteuern war, verstanden sie sich gut. Während Nok am liebsten Haus und Garten pflegte, unternahm Tirrot die wildesten Sachen. Das sollte sich auch in späteren Jahren nicht ändern.
Tirrot hatte Handel getrieben und durch seine fröhliche, vertrauenerweckende Art schloss er so manch gutes Geschäft ab, so dass er Nok und ihre Eltern unterstützen und gleichzeitig den Mädchen des Dorfes mit kleinen Aufmerksamkeiten die Köpfe verdrehen konnte.

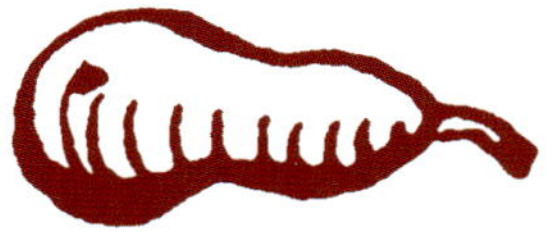

Als Nok und Tirrot zu jungen Erwachsenen herangereift waren, schienen die fröhlichen Stunden des Dorfes gezählt. Die Spinnenplage hatte in jedem Haus Todesopfer gefordert, Nahrungsmittel wurden knapp, und es kam häufiger zu Streit und Missgunst unter den Dorfbewohnern, die sich gegenseitig Schuld zuwiesen und Vorwürfe machten.
Nok war sehr besorgt, und selbst Tirrot, der ewig lachende, pfeifende Leb-in-den-Tag-hinein, begann die Zukunft in dunklen Farben zu sehen. Oft blickte er jetzt in Richtung der grünen Wand des Dschungels, die ihm bedrohlich und verführerisch zugleich erschien, und fragte sich, ob man nicht doch das Paradies im Herzen des Urwalds suchen sollte. Er teilte seine Gedanken mit niemandem und wartete auf ein Zeichen, welches ihm die Entscheidung erleichtern würde.

Dieses Zeichen kam, aber ganz anders, als Tirrot erwartet hatte. Eines Nachmittags kehrten Noks Eltern nicht vom kleinen Feld zurück, auf dem sie Zuckerrohr und Mais anbauten. Als Tirrot und Nok, die sich gemeinsam mit ihrem Hausdrachen auf die Suche nach ihnen gemacht hatten, sie fanden, waren sie schon seit Stunden tot, am Gift der Spinnen gestorben. Noks Trauer war so groß, dass es Tirrot ein Leichtes war, sie zu überzeugen, mit ihm das Dorf zu verlassen. Der Hausdrachen trug Proviant, Nok und Tirrot ihre Siebensachen, und vom Rande des Dschungels blickten sie ein letztes Mal schweren Herzens auf ihr Dorf und die Gräber ihrer Eltern und hofften, dass sie das Richtige taten.
Auf einem Ast saßen zwei Papageien: „Es ist ein weiter Weg durch den Dschungel." – „Niemand kann das schaffen" – „Nein, allein ist es nicht zu schaffen." – „Nur zu zweit." – „Ja, selbst dann nur, wenn zwei Herzen zueinander gehören und zwei Seelen verwandt sind." Verwundert und ein wenig skeptisch lauschten Tirrot und Nok diesem Zwiegespräch, dann reichten sie einander die Hände und traten ein in den Urwald. Alles schien hier größer und lauter zu sein. Sie hörten das Gebrüll eines wilden Tieres, und Vögel zwitscherten wie ein Orchester beim Finale.

Es herrschte ein reges Treiben, es surrte und summte, und die Bäume spendeten ein angenehmes grünes Licht, welches sich wie ein Schleier über den Urwald gelegt hatte.
Tirrot kletterte übermütig auf einen Baumstumpf und rief laut ein paar Worte in den Wald hinein. Die Vögel verstummten für eine Sekunde, doch als das Echo widerhallte, fiel auch das Federvieh wieder in seinen Singsang zurück. Nok und Tirrot wussten nicht, welche Richtung sie einschlagen sollten, doch es war ihnen, als erspähten sie hin und wieder die Papageien, deren Zwiegespräch sie belauscht hatten, und so folgten sie ihnen.
Sie waren noch nicht weit gegangen, als ein wildes Tier aus dem Gebüsch sprang und sich ihnen in den Weg stellte. Es grunzte, schnaufte, bleckte die Zähne, knurrte und setzte zum Sprung auf Nok an. Der Hausdrache sprang sofort dazwischen, und Tirrot zückte seine Machete und griff mutig das Ungeheuer an. Ein heftiger Kampf entbrannte, aber mit Hilfe des Hausdrachens besiegte Tirrot das Untier, und Nok fiel ihrem Gefährten um den Hals.
Irgendwann neigte sich der Tag dem Ende zu. Um den wilden Tieren nicht als Nachtmahl zu dienen, suchten sie sich die Krone eines hoch gewachsenen Baumes. Sie machten es sich inmitten ihres Blätterwaldes so bequem, wie es eben ging, und hielten abwechselnd Wache. Von einer Sekunde auf die andere war die Nacht hereingebrochen. Es war so dunkel, dass man die Hand vor den Augen nicht erkennen konnte. Aus dem Dickicht drangen grausige Geräusche. Und so hielt Tirrot Noks Hand, damit sie sich nicht ängstigte. Als er die kleine zarte Hand so in der seinen fühlte, schlug sein Herz schneller, und als er sich sicher war, dass Nok fest schlief, legte er ihre Hand an sein Gesicht, um ihre Wärme zu spüren. So verging die Nacht.

Tirrot, Nok und der Hausdrache kletterten aus ihrem grünen Lager hinab zur Erde. Sie setzten ihre Wanderung fort, und wieder bemerkten sie die buntgefiederten Papageien. Tirrot war nach dem gestrigen Abenteuer voller Selbstvertrauen und pfiff ein Lied. Es wäre doch gelacht, wenn man das Paradies nicht finden könnte, dachte er bei sich. Sie waren den ganzen Tag ohne Zwischenfälle marschiert, aber ihr Proviant war aufgezehrt, und als sie sich nach einem geeigneten Baum für ein Nachtlager umsahen, knurrte Tirrots Magen laut und vernehmlich. Nok begann ein paar Blätter, Früchte und Insekten aufzulesen, die sie in eine Mahlzeit verwandeln wollte. Auch Tirrot wollte behilflich sein und rupfte etwas ungeschickt an einem Busch. Er schrie auf und zog blitzschnell die Hand zurück. Nur ein kleiner Einstich war zu sehen. Er dachte sich nichts dabei, wischte sich die Hand an der Hose ab, setzte sich auf einen Stein und sah Nok bei der Zubereitung der dürftigen Mahlzeit zu. Es dauerte nur wenige Minuten und Tirrot kippte einfach von seinem Stein, als wär er tot. Nok und der Hausdrache waren sofort zur Stelle, untersuchten Tirrot und entdeckten bald die Bisswunde an seiner Hand. Nok sah sie sich an. „Es muss ein Spinnenbiss sein, wir brauchen das Gegengift. Doch wo soll es hier solche Raupen geben?“
Da schnaufte der Hausdrache und war mit einem Satz im Wald verschwunden. Ehe Nok sich wundern konnte, stand er wieder vor ihr und ließ aus

seinem Drachenmaul drei fette Raupen fallen – genau von der Sorte, wie Nok sie brauchte. Sie streichelte dankbar seine trockene Drachenhaut, mixte mit flinker Hand ein Gebräu, in das sie den Schleim der Raupen gab, und kaum hatte sie es Tirrot eingeflößt, öffnete er die Augen und sein Blick fiel auf Nok, die vor Glück über seine Rettung in Tränen ausbrach. Sie umarmten sich, weinten und lachten, und der Drache, der ihre Gefühle teilte, aber weder über die Fähigkeit des Lachens noch des Weinens verfügte, führte stattdessen einen wilden Drachentanz auf.

Es verging die zweite Nacht, die Tirrot und Nok eng umschlungen miteinander verbrachten. Als sie am nächsten Morgen aufbrachen, waren sie beide sehr still und jeder hing seinen eigenen Gedanken nach. Zum einen fühlten sie ein tiefes Glück, denn sie hatten einander gefunden. Zum anderen verloren sie langsam den Mut, sie wussten nicht, wie lange sie noch umherirren würden und ob sie jemals einen anderen Ort, geschweige denn das Paradies erreichen konnten.

Es musste schon nach Mittag sein, als sie plötzlich mitten im Urwald einen Weg sahen. Er begann im Nichts und führte wie ein schmales Band durchs Dickicht, weit konnte man nicht Einblick nehmen, aber mit frischen Hoffnungen schritten Nok, Tirrot und der Hausdrache jetzt einher. Wenig später bemerkten sie in unmittelbarer Nähe vor sich auf dem Weg die beiden Papageien. Nok und Tirrot wurden von einem freudigen Gefühl ergriffen und fühlten sich ihrem Ziel ganz nah. Sie hüpften übermütig ein Stück den Weg entlang, als dieser sich plötzlich vor ihnen gabelte. Die Papageien hatten ohne zurückzublicken jeweils einen Pfad gewählt. Nok und Tirrot blieben stehen, um zu beraten. Tirrot schlug vor, sich zu trennen, doch Nok erinnerte ihn daran, dass sie um jeden Preis zusammenbleiben wollten und sollten. Sie diskutierten hin, sie diskutierten her. Sie waren erschöpft und missmutig, und es dauerte nicht lange, bis zwischen den beiden die ersten harschen Worte fielen. Sie stritten heftig, vergaßen dabei alles um sich herum, und schließlich marschierte jeder in eine andere Richtung davon. Der Hausdrache aber rührte sich nicht vom Fleck, und so sehr Nok und Tirrot auch riefen, um ihn auf den jeweiligen Pfad zu locken, folgte er keinem der beiden.

So lief jeder einige Zeit, und natürlich beruhigten sich die Gemüter auch wieder. Und wie Tirrot so allein im Wald stand, überkam ihn die Angst um seine Nok, und er dachte, was für ein dummer Streit. Sie ist klüger als ich, soll sie den Weg bestimmen, und er machte kehrt. Doch als er an die Stelle kam, an der sie sich getrennt hatten, war da kein Weg mehr, den er hätte zurückgehen können, und als Tirrot sich wieder umdrehte, lag auch vor ihm kein Pfad mehr. Er war allein mitten im Dschungel.

Währenddessen dachte auch Nok an ihren Tirrot, und mit einem Mal verspürte sie große Sehnsucht nach ihm. Sie dachte, was für ein dummer Streit. Er ist stärker als ich und kann uns auf dem Weg, den er wählt, beide beschützen. Sie wollte kehrt machen, aber auch sie fand keinen Weg mehr.

Nok und Tirrot liefen kreuz und quer. Sie riefen einander, sie riefen nach ihrem Hausdrachen, doch im Papageiengekreisch und in der Weite des Waldes verhallten ihre Stimmen ungehört. Als die Dunkelheit hereinbrach, erkletterte ein jeder für sich einen Baum und versuchte, zur Ruhe zu kommen. Nok dachte: Tirrot hat mir gezeigt, wie man einen bequemen und sicheren Baum für die Nacht auswählt, ach, könnte ich mich nur an seine starke Schulter lehnen. Er fehlt mir so. Und Tirrot saß in seinem Baum, verzehrte eine Handvoll Beeren, die er gepflückt hatte, und dachte bei sich: Meine liebste Nok hat mir gezeigt, welche Früchte man im Walde essen kann, wäre sie doch bei mir, dann könnten wir die Beeren teilen. Sie fehlt mir so.

Trotz Sorge und Kummer war er fast eingeschlafen, als er ein Licht am Horizont bemerkte. Nok erging es nicht anders, auch sie sah von ihrem Baum aus dieses seltsames Leuchten. Ein jeder beschloss, auf dieses Licht zuzueilen. Sie kamen näher und erkannten, dass es sich um ein Feuer handelte, aber sie vernahmen auch ein fürchterliches Gebrüll, Keuchen und Ächzen. Als sie beide den Rand des niederbrennenden Feuers erreichten, erblickten sie ihren Hausdrachen, der sich mit den wilden Tieren des Waldes einen Kampf geliefert hatte. In seiner Not hatte er Feuer gespuckt und einen Teil des Dschungels in Brand gesetzt. Er und seine Angreifer waren offensichtlich vom Feuer eingeschlossen worden und alle miteinander darin erstickt.

Als Nok Tirrot erblickte, stürzte sie sich in seine Arme. Sie weinte bitterlich, und auch Tirrot wurde vor Schluchzen geschüttelt. Sie trauerten um ihren Hausdrachen, den sie so leichtfertig geopfert hatten, aber nie, nie wieder, so versprach es Nok ihrem Tirrot und versprach es Tirrot seiner Nok, würde einer den anderen verlassen.
Kaum hatten sie die Worte ausgesprochen und sich gegenseitig Liebe und Treue geschworen, verwandelte sich der tote Drache in einen Felsen, aus dessen Mitte eine klare Quelle entsprang. Die beiden folgten ihrem Lauf, und bald lichtete sich der Urwald und sie erblickten die Häuser eines Dorfes.
Tirrot und Nok fassten sich bei den Händen und machten die ersten Schritte in die gemeinsame Zukunft. Denn egal, ob ihnen dieses Dorf oder ein anderes Fleckchen Erde die gesuchte neue Heimat sein würde, wenn sie nur zusammen sein konnten, war ihnen das Paradies sicher.

Pfefferminzkonfekt

sehr leicht

Zutaten

200 g dunkle Schokolade
40 g Butter/Kokosfett
10 Tropfen Pfefferminzöl
eine Handvoll frischer Minze, wenn vorhanden
bei Bedarf 2 EL Läuterzucker, kann auch durch Agaven, Apfel- oder Birnen-dicksaft ersetzt werden
Zwei Eiswürfelbehälter für die Form, wahlweise mit klassisch eckigen, herzigen oder anderen Förmchen, alternativ geht auch eine alte Pralinenschachtel

Tipp

Pfefferminze ist eine sehr alte Heilpflanze. Sie hat u.a. eine belebende Wirkung und macht frischen Atem. Gießen Sie die restlichen frischen Minzblätter mit kochendem Wasser auf, und nach ein paar Minuten haben Sie einen tollen Tee!

Varianten

Die Schokolade wird zu Eispralinen, wenn Sie die Butter/Kokosfettmenge und den Zuckeranteil auf das Doppelte erhöhen. Ansonsten bereiten Sie das Konfekt wie oben beschrieben vor, stellen die Behälter aber ins Gefrierfach.

1. Die Schokolade klein hacken und zusammen mit der Butter langsam im Wasserbad schmelzen.

2. Die frische Minze so fein wie möglich hacken und unter die abgekühlte Schokolade rühren.

3. Mit dem Pfefferminzöl abschmecken und je nach Bedarf etwas Zucker zugeben.

4. Die fertige Mischung geben Sie jetzt in die Eiswürfelbehälter. Damit die Oberfläche relativ gleichmäßig wird, fassen Sie die Behälter mit beiden Händen und klopfen damit mehrmals vorsichtig auf die Arbeitsplatte. Die Masse fest werden lassen und erst dann aus der Form lösen.

Die Geschichte des Schneiders

Es war einmal ein Schneider namens Harry, der lebte seit vielen Jahren in seiner Wohnung auf dem Hinterhof im Souterrain eines alten muffigen Mietshauses in London. Die kleinen Fenster waren mit Leinentüchern verhangen, und er hatte seit Jahren keinen Fuß mehr vor die Türe gesetzt. Er hasste Menschen und Licht gleichermaßen und vermied überflüssige Kontakte mit beidem. Obwohl er noch gar nicht so alt war, wirkte er, als habe er bereits ein ganzes Jahrhundert miterlebt. Seine Haut war fahl und gelblich vom fehlenden Sonnenlicht, und er roch nach altem Staub. Seine Haare kämmte er vielleicht einmal im Monat, gewaschen wurde ebenso selten, und seine Fingernägel hatten auch schon lange keine Schere mehr gesehen. Stets umgab ihn ein stickiger Kellermief, und die Kinder hatten Angst, in die Nähe von Harrys Kellerfenstern zu kommen. Rollte doch einmal ein Ball in Richtung der Schneiderwohnung, schnappten sich die Kinder das Spielzeug und liefen so schnell davon, als würde sie ein Ungeheuer verfolgen.

Die Leute brachten ihre alte Kleidung, Bettzeug und Tischwäsche zum Flicken und Ausbessern zu Harry. Sie stellten ihre Sachen vor seine Tür, legten Geld dazu, wenn sie welches hatten, und holten sich ihre geflickten Sachen eine Woche später wieder ab. Lag kein Geld dabei, flickte der Schneider die Sachen trotzdem. Er fluchte nur etwas mehr auf Gott und die Menschen. Und es gab immer viel Arbeit, aber selten viel Geld, denn der Schneider lebte in einer armen Gegend Londons.
Einmal in der Woche ließ er sich von der alten Abigail seine Lebensmittel an die Tür bringen. Die Übergabe dauerte meist nur ein paar Sekunden, und Abigail bekam, wenn sie die Waren ablieferte, umgehend die abgezählte Summe in die Hand gedrückt. Auf den Penny genau, Trinkgeld hatte es noch nie gegeben. Doch Abigail war eine gute Seele, so schnell konnte man sie nicht verärgern, und Stammkunden waren trotz all ihrer Launen ein gutes Kapital. Unterhalten hatte sie sich jedoch nie mit Harry. Bis auf ein grummelndes Knurren, das Abigail als Dankeschön auslegte, bekam sie niemals seine Stimme zu hören, und irgendwie war sie auch froh, denn ein bisschen unheimlich war ihr der Schneider dann doch.

Manchmal gab es in der Nachbarschaft noch Spekulationen darüber, woher der Schneider gekommen war, aber niemand konnte sich daran erinnern oder wusste, was ihn so unglücklich und böse gemacht hatte. Die Menschen mochten ihn nicht besonders, und wäre seine wirklich preiswerte Flickarbeit nicht gewesen, sie hätten ihn wohl gemieden.

Die Wochen und Monate vergingen. Mal prasselte der Regen gegen die trüben Scheiben, mal versuchten sich die Sonnenstrahlen durch die Risse in den Vorhängen zu zwängen. Schneider Harry saß an seinem Schneidertisch, führte Nadel und Faden und fluchte auf das Leben. Alle sieben Tage stellte die alte Abigail ihm eine Kiste mit Brot, Reis, ein paar Fetzen Fleisch und einer Zwiebel vor die Türe und bekam den üblichen Lohn dafür. Auf Abigail war Verlass, deshalb staunte Harry umso mehr, als eines Tages die gewohnte Lieferung ausblieb.

Es vergingen drei weitere Tage und Harry hatte mittlerweile auch den letzten Brotkrumen verspeist. Er fluchte mehr als sonst, und seine kratzige Stimme drang über den Hinterhof, vergraulte die Kinder und ließ die anderen Bewohner des Hauses missbilligend den Kopf schütteln. Mit knurrendem Magen und schlechter Laune beschloss er, sich nun doch vor die Türe zu wagen. Er hatte sich bereits in einen dicken Tweedmantel eingewickelt, den Hut tief ins Gesicht gezogen, da klopfte es hektisch an seiner Kellertür. Harry öffnete und staunte nicht schlecht. Vor ihm stand nicht Abigail, sondern eine stattliche junge Frau mittleren Alters mit halblangem, dicken Haar, das sie zu einem Zopf geflochten hatte. Sie strahlte ihn aus hellblauen freundlichen Augen an, und als Harry sie entgeistert anstarrte, klärte sie ihn auf, sie sei Emily, Abigails Tochter. Ihre Mutter habe sich bei der Arbeit auf dem Gemüsemarkt ein Bein gebrochen hatte. Nun sei sie ans Bett gefesselt und Emily habe die Vertretung übernommen. Während sie sprach, wippten auf ihren rosigen Wangen zwei Grübchen auf und ab. Auch täte es ihr leid, dass sie sich mit der Lieferung verspätet habe, sie habe ihm, sozusagen als kleine Wiedergutmachung, ein Bund Pfefferminze in die Kiste gelegt, so ein Pfefferminztee mit viel Honig rege die Lebensgeister an und würde ihn sicherlich versöhnlich stimmen ... Sie plapperte munter weiter wie ein Vögelchen, das gerade entdeckt hat, dass es zwitschern kann. Zwischendurch zwinkerte sie fröhlich und ihre Grübchen hüpften. Gebannt hatte Harry ihr gelauscht, und seine Hand zitterte ein wenig, als er Emily die bereits abgezählten Münzen in die Hand klimpern ließ. Emily bedankte sich artig und war so schnell, wie sie aufgetaucht war, wieder verschwunden. Harry stand noch einige Zeit mit seiner Lebensmittelkiste in der offenen Kellertür, und erst als eine Nachbarin laut ein Fenster öffnete, kam er zur Besinnung. Er schüttelte sich kurz, knallte die Tür mit einem Rums zu, beschloss einmal mehr, sie nicht wieder irgendwelchen dahergelaufenen Marktweibern zu öffnen, und begann die Kiste auszuräumen.

Er fand die Minze und warf sie achtlos auf den staubigen Küchentisch. „Eine Hexe mit Zauberkraut hat mir gerad noch gefehlt, mit Honig ...", murmelte er. Er trank nur bitteren schwarzen Tee und fand die Vorstellung, Pfefferminztee mit Honig zu trinken, reichlich dekadent. „Alberne Gans ...", sagte er noch und setzte sich wieder an seine Flickarbeit. Doch hartnäckig zog der Duft der Minze durch den Keller, und wenn Harry während der Woche so manches Mal auf seine Flickarbeit starrte, ohne zu nähen, und seine Nase kraus zog, um diesen würzigen Duft auszukosten, dachte er an Emily mit ihren Grübchen und den prallen Apfelwangen, bis die Minze schließlich auf dem Küchentisch traurig verwelkt war.

Nach einer Woche klopfte es wieder an der Tür. Zwitschernd wie beim letzten Mal plauderte Emily drauflos. Sie redete ohne Pause und ohne Scheu vor seinem grimmigen Gesicht, machte ein paar Scherze, und Harry, der sich fest vorgenommen hatte, dieser Person nicht mehr Aufmerksamkeit zu schenken als der alten Abilgail, musste sogar lächeln. Dann beschwerte sich Emily über die schlechte Luft im Keller und schlug vor, einmal kräftig durchzulüften. Sie kicherte, steckte das Geld ein und verschwand wieder zu ihrem Lieferwagen. Harry grummelte beleidigt vor sich hin und wunderte sich über soviel Dreistigkeit.

Er schlurfte durch die Wohnung und begann ein wenig aufzuräumen. Er stellte ein paar Möbel um, wischte über die Regale und öffnete ein Fenster. Da er das noch nie zuvor getan hatte, musste er erst Spinnweben entfernen und das Fenster in seinem Rahmen hin und her rütteln, ehe es sich bewegen ließ.

Auch diesmal befand sich ein Bündelchen Minze in seiner Lebensmittelkiste. Nachdenklich betrachtete Harry die Blätter, rieb eines ein wenig zwischen Daumen und Zeigefinger und roch dann an seinen Fingern. Er gab eine Handvoll Pfefferminzblätter in eine Tasse, goss heißes Wasser auf, gab einen guten Teelöffel Honig dazu, nahm einen Schluck, der ihm die Lippen verbrannte, und musste an Emily denken. Ob ihre Lippen wohl auch so schmecken würden? Er umfasste die Tasse mit beiden Händen und sog den Duft des süßen Tees tief in sich auf.

Er setzte sich auch heute an seine Flickarbeiten. Doch immer wieder schweiften seine Gedanken ab. Er begann, in seiner Kellerwohnung auf und ab zu laufen, wühlte sich durch Schubladen, krempelte die Regale um, sortierte alte Bücher aus, wirbelte und machte, wischte und putzte, bis er abends völlig erschöpft, aber zufrieden in sein Bett fiel.

Als der nächste Liefertag nahte, war Harry bereits früh morgens aufgeregt. Und dann kam sie endlich, gut gelaunt wie eh und je. Sie duftete wie frische Frühlingsluft und Honig und grüßte ihn mit einem strahlenden Lächeln. Begeistert bemerkte sie die Veränderungen in Harrys Heim, und ehe er protestieren konnte, hatte sie die Türschwelle bereits übertreten. Nachdem sie alles begutachtet hatte, wies sie darauf hin, dass auch Harry selbst mal wieder einen gründlichen Frühjahrsputz nötig habe. Harry blickte beschämt zu Boden. Mit einem Schwung fiel die Tür hinter ihr ins Schloss, und nur die Lebensmittelkiste zu seinen Füßen bezeugte, dass Emily überhaupt da gewesen war.

Wieder hatte Emiliy ein Bund frischer Pfefferminze in die Kiste getan. Er steckte die Nase tief in die Minze, sog den würzigen Geruch ein und und ertappte sich bei dem Gedanken: wie eintönig wäre mein Leben ohne Emily und honigsüßen Pfefferminztee. Dann betrachtete er sich im Spiegel. Vierzig Jahre war er alt, doch die meisten würden ihn vermutlich auf siebzig schätzen. Er schnitt sich die Haare, rasierte und wusch sich, zog frische Kleidung an, kurz, er

verwandelte sich von einem verwahrlosten Alten in einen respektablen, wenn auch sehr blassen, gut aussehenden Mann. Als er erneut vor den Spiegel trat, blickte er in ein völlig fremdes Gesicht, welches ihm aber ganz gut gefiel.
Er überbrühte sich die würzige Pfefferminze mit heißem Wasser, gönnte sich einen großen Löffel Honig und trat an die Tür, die Emily vor wenigen Stunden so enthusiastisch zugeknallt hatte. Mit zögerlicher Hand öffnete er sie und machte einen Schritt nach vorne auf die Türschwelle. Krampfhaft hielt er sich an seiner Teetasse fest und wagte kaum aufzublicken. Sein Atem ging schneller, doch schon füllten sich seine Lungen mit frischer Luft. Ein paar Kinder bemerkten den Mann, erkannten ihn aber nicht und spielten seelenruhig weiter. Eine Frau eilte vom Marktplatz über den Hinterhof nach Hause. Sie blickte verwundert, doch dann nickte sie kurz und zurückhaltend ein Hallo in seine Richtung. Als Harry seinen Tee ausgetrunken hatte, trat er in die Stube zurück, setzte sich an seine Arbeit, die ihm gut von der Hand ging, pfiff ein Lied, dessen einziger Refrain Emily war, und arbeitete bei offener Tür.

Emily staunte nicht schlecht, als ihr in der darauf folgenden Woche die Tür von einem attraktiven Mann ihres Alters geöffnet wurde. Aus dem Augenwinkel musterte sie den neuen Harry und ertappte sich dabei, dass ihr Herz ein paar Takte schneller klopfte. Als Harry ihr die Münzen reichte und ihre Hände sich berührten, durchfuhr sie ein angenehmer Schauer. Für wenige Sekunden war Emily sprachlos, und das war, bei Gott, noch nicht oft vorgekommen. Verlegen zupfte sie an ihrem Kragen, stolperte über die Türschwelle, drehte sich noch einmal zu Harry um und verschwand winkend.

Auch Harry war verwirrt. Er ertappte sich immer häufiger bei Tagträumen, in denen er bereits seinen Keller umbaute und ein kleines warmes Nest für sich und Emily erschuf. Er schloss die Augen für einen kurzen Moment und stellte sich vor, Emily zu heiraten. Er würde ihr jeden Morgen eine Tasse Tee ans Bett bringen, und sie würde ihn dafür mit ihrem unvergleichlichen Lächeln belohnen. Zum ersten Mal störte ihn das Kindergeschrei nicht, welches durch die offenen Fenster drang, und er unterließ es, die spielenden Kleinen anzubrüllen.

So wartete Harry sehnsüchtig auf den nächsten Liefertag und vergaß darüber sogar zu essen. Er strich jeden Tag im Kalender aus und zählte zuletzt sogar die Stunden und Minuten. Zur Flickerei war er die vergangene Woche nicht fähig gewesen, und die Stoffstücke stapelten sich an seinem Arbeitsplatz. Dann stand sie in seinem Türrahmen, und die letzte Barriere um Harrys Herz schmolz dahin. Unbeholfen lächelte er sie an und brachte keinen Ton heraus, während Emily wie gewohnt munter drauflos plapperte. Zum Abschied tätschelte sie Harry die Wange, und ihm stockte für einen Augenblick der Atem. Er griff nach ihrer Hand und hauchte ihr einen Kuss auf den Handrücken. Minze mit Honig roch er, auch noch Stunden später, als Emily schon längst fort war. Er träumte jede Nacht von ihr und von einer gemeinsamen Zukunft.

Öfter mal stand er jetzt an der Tür zu seiner Kellerwohnung. Die Kinder hatten sich an seinen Anblick gewöhnt, die Nachbarn musterten ihn neugierig und begannen schon bald, ihn zu grüßen, und als ein fliegender Händler über die Hinterhöfe zog, um Schmuck feilzubieten, trat Harry auf den Hof und kaufte seiner Angebeteten einen kleinen Ring mit einem honiggelben Bernstein.
Es klopfte wieder pünktlich an der Kellertür, und Harry öffnete voll freudiger Erwartung. Emily plauderte, Harry bewunderte sie, ihre Hände berührten sich, ihre Blicke begegneten sich, und als Harry ihr den Ring etwas verlegen in die Hand drückte, seufzte sie so verzückt auf, dass er fast den Boden unter den Füßen verlor. Sie sagte, sie könne den Ring nicht annehmen, Harry erwiderte, sie könne doch, und draußen wurde wütend gehupt, weil ihr Lieferwagen im Weg stand. Emily hauchte ihm einen Kuss auf die Wange und lief mit wehendem Kleid und Haar davon. Harry überbrühte seinen Tee, machte sich an die Arbeit und sah sich dem Ziel seiner Träume ein ganzes Stück näher.

Er hatte sich mit seiner Toilette besondere Mühe gegeben und beschloss, heute an der Straße auf Emily zu warten. Er konnte sich nicht erinnern, wann er das letzte Mal auf der Straße gewesen war. Menschen drängten die engen Bürgersteige entlang, Autos hupten. Gleich am Toreingang saß eine ärmliche alte Frau auf einem Höckerchen, die Blumen verkaufte. Sie sprach ihn an und sagte, sie freue sich, dass er seinen Keller verlassen habe, so ein schmucker Mann in den besten Jahren, und dass sie im dankbar wäre, weil er über die Jahre soviele ihrer Kleider und Linnen geflickt habe, auch ohne Bezahlung. Sie gab ihm einen kleinen Strauß Blumen und wünschte ihm viel Glück.
Doch Emily kam nicht.

Am nächsten Morgen, noch vor Sonnenaufgang, klopfte es an der Tür. Hoffnung regte sich in Harry. Doch es war nicht Emily, wie erwartet, sondern die alte Abigail, Emilys Mutter, die, genesen, ihre Arbeit wieder aufgenommen hatte. Sie erzählte, dass Emily mit ihrem Mann zurück aufs Land gegangen sei. Beide hätten sich sowohl um sie als auch um das Geschäft gekümmert. Aber nun wäre Emily wieder treu sorgende Mutter und Ehefrau auf ihrem Hof. Die Worte trafen Harry wie Messerstiche ins Herz, und er musste sich setzen, um nicht umzufallen. Wie in Trance bezahlte er die Lieferung und hörte gerade noch, dass Abigail ihm ein Kompliment für sein neues Aussehen machte. Er schloss die Tür und zog die Vorhänge zu. Er setzte sich an seinen Schneidertisch und legte den Kopf auf die Hände. So saß er wohl zwei Tage lang unbeweglich da. Die Kinder trauten sich nicht mehr, auf dem Hof zu spielen, und die Nachbarn tuschelten, ob er wohl krank oder einfach wieder in seine alte Gewohnheit verfallen sei.

Am dritten Tag brachen die Wolken auseinander und die Sonne erhellte die Stadt. Und als ein ganz verschmitzter Sonnenstrahl die noch immer unberührte Lebensmittelkiste im Keller des Schneiders traf, da hob er den Kopf, zog die Luft tief ein und roch den geliebten Duft der Minze.

Er schlüpfte in seinen Mantel und trat vor die Haustür. Er lief einfach los, zwei, drei Blocks weiter. Ruhig und gelassen ging sein Atem, und er spürte, wie die Lebensgeister langsam seinen Körper und seine Seele durchfluteten. Er nahm in einem kleinen Restaurant Platz und bestellte sich eine Tasse frischen Pfefferminztee. Als er aufblickte, sah er am Nebentisch eine Frau sitzen, die neugierig zu ihm blickte. Er nahm einen kräftigen Schluck, dann lehnte er sich zurück und lächelte sie an. Es versprach, ein wunderbarer Tag zu werden.

Pistazien-Krokant-Schokolade

etwas Konzentration, ansonsten einfach

Zutaten

60 g Rohrohrzucker, gerne auch Vanillezucker
1 ordentliche Prise Meersalz
10 ml Wasser
60 g gehackte Pistazien
2 EL Topinambursaft oder Honig
30 g Kokosfett
200 g dunkle Schokolade

Tipp

Die besten Pistazien kommen aus dem Iran. Sie sind, genau wie andere Nüsse, reich an ungesättigten Fettsäuren und enthalten wertvolles Vitamin E!

Varianten

Sie können das Verhältnis Krokant/ Schokolade variieren, indem Sie weniger Schokolade verwenden oder umgekehrt. Das Pistazienkrokant schmeckt auch ohne Schokolade und eignet sich als Dekoration für Torten oder Desserts!

1. Zucker und Wasser in einem Topf zum Kochen bringen. Sobald sich der Zucker aufgelöst hat, Topinambursaft dazugeben. Wer auf Nummer sicher gehen will, verwendet ein Zuckerthermometer. Bei 120–130 Grad Celsius ist das Karamel perfekt und sollte vom Herd genommen werden.

2. Die Pistazien unterheben und gut verrühren.

3. Die Nuss-Zucker-Mischung zum Abkühlen auf eine mit Backpapier ausgelegte Arbeitsplatte streichen. Sobald die Masse erstarrt ist, so gut es geht zerkleinern, je feiner desto besser. Dafür die Krokantstückchen in einen Beutel geben, ein Küchentuch darüber legen und mit einem schweren Gegenstand klein klopfen. Wer mag, kann die Brocken auch einfach mit einem scharfen Messer zerhacken.

4. Die Schokolade mit dem Kokosfett über dem Wasserbad schmelzen und auf Zimmertemperatur abkühlen lassen. Mit der Krokantmasse verrühren.

5. Jetzt können Sie Ihrer Kreativität freien Lauf lassen. Füllen Sie die Masse in Pralinenhütchen, malen Sie Muster auf gefettetes Backpapier oder gießen Sie sie in Förmchen. Sollten Sie handwerklich wenig Talent besitzen, verteilen Sie die Krokant-Schokolade einfach auf einem mit Backpapier ausgelegtem Blech und warten, bis sie fest wird. Am besten über Nacht erstarren lassen. Brechen oder schneiden Sie dann die Schokolade in kleinere Stücke zu Schokobruch. Sie sollten dabei allerdings darauf achten, dass Sie saubere und kalte Hände haben, sonst schmilzt die Köstlichkeit.

Atlanta, die kleine Meerjungfrau

Tief unten, tausende von Metern unter der Wasseroberfläche, wo der Ozean kalt und totenstill ist und noch niemals ein menschliches Auge die einzigartige Pracht erblicken durfte, lebte einst Atlanta, die kleine Meerjungfrau, mit ihrer Familie. Mutter und Vater waren mächtige Herrscher über das Fischreich. Klug regierten sie seit vielen Generationen über Wellen und Wetter, sorgten für das Gleichgewicht der See und bewahrten die Unterwasserwelt vor Schaden. Atlanta führte ein wunderbar sorgenfreies Leben, behütet von ihren sechs Brüdern und Schwestern, und war der absolute Liebling der zahlreichen Onkel und Tanten. Stets gab es jemanden, der die kleine Fischfrau mit den blonden Haaren und dem schimmernden Schwanz beschützte und beschäftigte. Und sobald ein Wunsch in Atlantas hübschem Köpfchen entstand, las man ihn ihr von den leuchtenden pistaziengrünen Augen ab.

Besonders gerne vertrieb sich Atlanta ihre Zeit mit Klini, einem etwas vorwitzigen Putzerfisch, dessen Zunge manchmal schneller war als sein Verstand, weshalb er schon des Öfteren in heikle Situationen geraten war. Heute jedoch war ein gemütlicher Abend in der Kapitänskajüte eines alten versunkenen Schiffes angesagt. Atlanta hatte es sich mit ein paar Krabben und anderem Meeresgetier bequem gemacht und lauschte zum hundertsten Mal Klinis Geschichte von der kleinen Meerjungfrau, die einen Menschen rettete und sich unsterblich in ihn verliebte und alles dafür gab, um bei ihm sein zu können. Der Putzerfisch thronte auf einer übrig gebliebenen Hälfte eines Sessels und schmückte die Geschichte nach allen Regeln der Kunst aus. Obwohl das Ende wie immer todtraurig war, verspürte Atlanta wie jedes Mal eine Sehnsucht in sich aufsteigen. Es gab so vieles, was ihr unbekannt war. Die weite See, Gefahren, Abenteuer – und die Menschen. Sie blickte auf ihren Fischschwanz, der sich im sanften Wellengang hin und her bewegte und in den schillerndsten Farben leuchtete. Doch konnte sie sich nicht daran erfreuen. Sie mussten wunderschön aussehen, die Menschen. Mit ihren langen Beinen und Armen und ohne Schwimmhäute zwischen den Fingern. Sie trugen Kleidung aus weichen Stoffen und unterhielten sich in einer Sprache, die tausendmal klangvoller war als die der Meeresbewohner. So jedenfalls hatte es Klini ihr erzählt. Später am Abend, als sich das Meer schwarz färbte und die kleine Gesellschaft sich auflöste, zog Atlanta ihren Freund Klini beiseite und löcherte ihn mit Fragen. Wie es in der weiten Welt wäre und was passierte, wenn man hinaus schwamm? Doch Klini wiegelte ab. Zu gefährlich, meinte er. Doch Atlanta ließ nicht locker und bohrte und löcherte den armen Putzerfisch so lange, bis er schließlich nachgab und ihr einen Ausflug in die weite ferne Welt und vielleicht sogar an die Wasseroberfläche versprach.

In der nächsten Nacht stahl sich Atlanta heimlich aus ihrem Schlafgemach und wartete am verabredeten Treffpunkt auf Klini. Sie richtete ihre Blicke sehnsuchtsvoll in die Ferne. Endlich kam Klini angeschwommen, und voller Tatendrang schnellten sie durch die Fluten. Atlanta bog mal nach links, mal nach rechts ab, so dass Klini kaum hinterher kam. Völlig außer Atem bat er um eine Verschnaufpause, doch Atlantas Neugier war unersättlich. Erschöpft verfolgte der Putzerfisch seine kleine Freundin, doch irgendwann verlor er sie aus den Augen. Also machte er es sich in einer Felsspalte bequem und wartete auf ihre Rückkehr. Er musste wohl eingeschlafen sein, denn als er die Augen aufschlug, drangen bereits ein paar trübe Lichtstrahlen durchs Wasser. Sicher ist Atlanta bereits zum Schloss ihrer Eltern zurückgekehrt, dachte Klini, und machte sich auf den Rückweg. Doch im Königreich fehlte jegliche Spur von Atlanta, und der Hofstaat war in heller Aufregung, überfiel Klini mit Fragen und wollte wissen, woher er kam. Der König war außer sich vor Zorn und schimpfte so sehr, dass die Meeresoberfläche sich kräuselte und ein furchtbares Gewitter mit schrecklichen Blitzen und Donnern aufzog. Die Schiffe tanzten auf den Wellen, und mehr als eines ging in dieser Nacht unter und zog die tapferen Seemänner mit in die Tiefe. Auf den Zorn folgte die Angst.

Klini machte sich schreckliche Vorwürfe, dass er seine Freundin hatte ziehen lassen. Doch die Suchtrupps kehrten Tag für Tag erfolglos zurück, und der König und die Königin trauerten um ihre verlorene Tochter. Wie es in solchen Fälle ist, die Sache sprach sich rum, und auch die Menschen erfuhren davon und erzählten einander die Geschichte von der anmutigen Atlanta, die aus Sehnsucht nach aufregenden Abenteuern ihr Elternhaus verlassen hatte und sich irgendwo in den Weiten des Meeres verirrt haben musste. Andere meinten zu wissen, dass die Meerjungfrau gefangen gehalten wurde und nur, wenn ein Mensch sich in sie verliebte, würde sie die Kraft finden, ihrer Familie Nachricht von ihrem Aufenthaltsort zu geben und Hilfe herbei rufen.

Auch der Fischersohn Silvio war mit dieser Geschichte aufgewachsen. Der Vater hatte sie dem Kind erzählt, wenn sie mit seinem Boot hinaus aufs Meer fuhren. Für Silvio waren es die schönsten Augenblicke, wenn das Wasser vom Bug des Bootes zerteilt wurde und am Ende mit einem Klatsch zusammen schlug. Jeden Tag ging er früh morgens an den Strand, lauschte der Musik des Meeres und beobachtete, wie die Wellen wie kleine Hände den Sand neugierig ertasteten. Als Silvio dann ein eigenes Boot besaß, liebte er es, auf dem Wasser zu schaukeln und die salzige Meeresluft einzuatmen. Bei jedem Wetter trieb es ihn an den Ozean, und er blickte manchmal stundenlang hinaus, um die Stimmungen der See einzufangen. Er sammelte stets ein paar Muscheln und abgeschliffene Glasscherben, die im Sand herum lagen, und steckte sie sich in die Hosentasche. Manchmal war ihm sogar, als spräche das Wasser zu ihm und wolle ihn in die Tiefe locken. Niemand war dem Fischersohn näher als die Tiere des Meeres und die Seevögel. Als seine Eltern starben, verkaufte er sein Hab und Gut, um mit dem Erlös eine kleine Hütte auf einer Insel mitten im Meer zu erwerben. Nur selten suchte er Kontakt zu den Menschen. Einmal im Monat ruderte er zum Festland und ging in die Stadt, um sich das Nötige zum Überleben zu besorgen.

Natürlich tuschelten die Leute, wenn der Einsiedler auftauchte, und die jungen Mädchen begannen zu kichern, denn ihnen gefiel der attraktive Mann mit den traurigen Augen und der sonnengebräunten Haut. Manche Schöne warf sich ins Zeug, um ihn zum Bleiben zu bewegen. Doch jeder noch so gerissene Versuch, ihn zu verführen, scheiterte und zerbarst wie die Wellen an den Klippen. Silvios Herz gehörte dem Meer. Wenn er nachts dem Ruf der Blauwale lauschte, verspürte er das größte Glück.

Doch seit geraumer Zeit wurde Silvio von merkwürdigen Träumen geplagt. Die Rufe des Meeres vermischten sich mit Hilfeschreien; schloss er die Augen, erschien ihm ein Bild aus seiner Kindheit. Die Meerjungfrau Atlanta mit ihren langen blonden Haaren und den leuchtend grünen Augen blickte ihm traurig ins Gesicht, und eine Träne lief ihr über die Wangen. Sie rief seinen Namen und sprach zu ihm, doch nie konnte er verstehen, was sie sagte. Ihre Worte wurden von einem fürchterlichen Unwetter verschluckt und fortgespült.

Mittlerweile plagten ihn die Träume jede Nacht. Und es kam noch schlimmer. Eines Morgens erwachte Silvio am Strand über und über mit Schlick und Muscheln bedeckt. Seine Kleidung war nass und salzig, und er fühlte sich so erschöpft, als wäre er die ganze Nacht hindurch auf den Beinen gewesen. Verwirrt schlüpfte er zurück in sein Bett, aber auch an den folgenden Morgen erwachte er mit durchnässter Kleidung am Strand. Er konnte sich die nächtlichen Ausflüge nicht erklären. Also beschloss er, sich künftig fest zu täuen. Bei seiner nächsten Einkaufstour besorgte er sich stabile Seile, mit denen er sich auf seinem Lager festband.

Entspannt wie seit Wochen nicht mehr schloss er die Augen und sank in den Schlaf. Er tauchte ins kühle Nass des Ozeans, und schwamm immer tiefer, bis er den sandigen Meeresboden erreichte. Die anfängliche Kälte des Wassers schien zu schwinden, und er fühlte, wie sich ein wärmender Schild um ihn herum bildete. Bunte Fischschwärme zogen an ihm vorbei, prächtige Korallenriffe ragten über seinem Kopf empor und geheimnisvolle Pflanzen umrankten seine Beine. Das Schwimmen fiel ihm leicht, und er konnte atmen, als sei er an Land unterwegs. Eine Horde riesengroßer Seeschnecken zog an ihm vorbei. So etwas Schönes hatte er noch nie gesehen. Friedlich schien es hier zu sein, alles miteinander im Einklang. Silvio bahnte sich den Weg über Gestein und durch dichte Pflanzengruppen. Langsam verdunkelte sich seine Umgebung, und die Meeresbewohner erschienen ihm nun größer und behäbiger. Dicke Fische schwammen vorüber und glotzen ihn mit ihren großen Glubschaugen neugierig an. Fast wie von selber schwebte Silvio durchs Wasser, bis er an ein riesiges Schloss aus Sand, Muscheln und herrlichen Edelsteinen kam. Das Gebäude war von solcher Größe, dass er mit bloßem Auge kein Ende wahrnehmen konnte. Silvio schwamm zum Eingang des Schlosses, der durch ein schweres Tor aus Gold und Edelsteinen versperrt war. Erst jetzt bemerkte er, dass seine Beine zu einer großen kräftigen Flosse geworden waren, über die sich seine Hose spannte, und zwischen seinen Fingern befanden sich Schwimmflossen und an den Seiten seines Körpers ertastete er große Kiemen, durch die der Sauerstoff aus dem Wasser gefiltert wurde.

Vorsichtig drückte er auf den perlenbesetzten Türknauf, langsam öffneten sich die Flügeltüren und gaben den Blick auf eine gigantische Halle frei. Erhellt wurde der Raum durch eine Vielzahl von Anglerfischen, von denen einer auf den Gast zu schwamm, um ihm als Lampe zu dienen. Das Tier mit seinen milchigen blinden Augen wirkte unheimlich, doch ohne die Lichtquelle wäre Silvio hilflos gewesen. Also hielt er sich an seinen Fremdenführer und folgte ihm neugierig. Der Fisch führte ihn durch unzählige Gänge, deren Wände vom Wasser ganz glatt gespült waren. Immer tiefer folgte er dem Fisch ins Innere des Schlosses, bis er in einem aus Perlmutt erbauten Raum Halt machte, der von einem mysteriösen Licht in blau und rosé durchflutet war. Der Fisch zog sich langsam zurückzog, doch bevor Silvio ihm folgen konnte, fiel eine schwere Eisentür ins Schloss. Da merkte er, dass er in einen Hinterhalt geraten war und wie in einem Kerker festsaß. Panisch begann er auf und ab zu schwimmen, suchte mal hier und mal dort, doch es gab keinen Ausgang. Plötzlich spürte er, wie sich eine Hand auf seine Schultern legte, und als er sich umdrehte, stand sie wahrhaftig vor ihm, so, wie er sie oft in seinen Träumen gesehen hatte, nur tausendmal schöner.

„Endlich bist du gekommen, um mich zu retten“, sagte Atlanta zu ihm.

Was für ein Traum, dachte Silvio bei sich, doch Atlanta schüttelte den Kopf. Erst jetzt fiel ihm auf, dass sie beim Sprechen die Lippen nicht bewegte. Und trotzdem erreichten ihn ihre Worte. Atlanta erzählte ihm, dass sie seit Jahren in diesem Schloss gefangen gehalten wurde. Der Schlossherr, Sarafon, war der erklärte Feind der friedlichen Meeresbewohner. Durch die Verbindung mit einer Tochter des Königspaares würde er mächtiger und gewänne die Oberhand über den Ozean, mit dem er die Erde überfluten wollte. Er habe nur auf einen günstigen Einfall des Mondlichts warten müssen, aber heute Nacht wolle er seinen perfiden Plan umsetzen. Die drohende Katastrophe könne nur verhindert werden, wenn die friedlichen Meeresbewohner seine Absicht durchkreuzten. Also habe sie, Atlanta, versucht, Silvio hierher zu locken. In den vergangenen Nächten sei es ihr gelungen, ihn bis zum Tor zu lotsen, doch Sarafon habe sich nicht ablenken lassen. Es wäre nun allerletzte Gelegenheit, ihrer Familie Nachricht zukommen zu lassen, aber – bei diesen Worten errötete sie – er wisse ja, dass ihr das erst gelänge, wenn sie erlöst würde durch die Liebe eines Menschen ...

Kaum hatte Atlanta die Worte ausgesprochen, wusste Silvio, dass er die Antwort auf die Frage seines Lebens gefunden hatte. Er wurde von seinen Gefühlen übermannt und wäre beinah rücklings in den Schlamm gefallen, hätte Atlanta ihm nicht die Hand gereicht und ihn an sich gezogen. Sie küsste ihn, und Silvio hatte nie etwas Schöneres erlebt.

Plötzlich ertönte ein lautes Schmatzen, riesige Blasen brodelten um die beiden herum und eine dumpfe hallende Stimme dröhnte. „Was willst du hier, Menschensohn. Niemand betritt ohne meine Erlaubnis mein Reich!“ Ein Monster baute sich vor den beiden auf. Wie ein fetter unförmiger Klumpen waberte es auf sie zu. Die graue Haut des Ungetüms war über und über mit schwarzen Warzen übersät. Reihen spitzer Zähne ragten aus seinem Maul. Tellergroße, aufgequollene Augen glubschten aus jeder Falte des speckigen Körpers. Der ganze Leib war mit einer gallertartigen Masse überzogen, die sich spannte, wenn der Klotz ein- und ausatmete. Er verbreitete einen widerlichen Gestank, und Atlanta und Silvio umfassten sich fester. Mit dröhnender Stimme kündigte Sarafon das Ende des Eindringlings an. „Du kommst mir gerade recht, ich werde dich zu meinem Hochzeitsmahl verspeisen!“ Grüner Geifer spritzte aus dem Maul, und er sog ein paar kleine Fische in sich hinein, die er mit lautem Knirschen zermalmte.

Sarafon winkte zwei Riesenkraken, jede von der Größe eines Hochhauses. Die eine packte Silvio und fesselte ihn an einen großen Felsen. Die andere nahm Atlanta und zwang sie, in einem großen Sessel aus Edelsteinen Platz zu nehmen.

Sarafon richtete höhnisch das Wort an Silvio. „Nun, hast du noch einen letzten Wunsch, bevor ich dich vor den Augen meiner Braut verspeise?“ Er fletschte die Zähne.

Atlanta blickte zu Silvio. Sie hatte längst den Meeresströmungen den Hilferuf an ihre Familie anvertraut, aber sie mussten Zeit gewinnen. Silvio verstand sie auch ohne Worte.

„Mächtiger Sarafon“, sagte er, „wenn es denn mein Schicksal sein soll, in dieser Nacht zu sterben, so gestatte, dass ich dir zu deiner Hochzeit ein Präsent überreiche. Lass mich losbinden, dann will ich es dir geben.“ Sarafon, ganz wild auf Geschenke, winkte einem der Sklavenfische, der Silvio rasch von den Fesseln befreite. „Hier“, Silvio kramte in seiner Hosentasche herum, „hier, wunderbare Muscheln. Sie sollen dir gehören.“

Abschätzig beäugte Sarafon die Opfergaben, es war einfach dreist von dem Gefangenen, ihn mit solch kläglichen Geschenken zu belästigen. Wütend richtete er sich auf, um sich auf sein Opfer zu stürzen. Doch da ertönte ein gigantischer Knall und der Marmorboden zerbarst in zwei Teile. Eine Wasserfontäne schoss aus der Spalte in die Höhe. Von überall her kamen Fische und allerlei anderes Meeresgetier geschwommen, Haie, Makrelen, Meeresschildkröten, kleine Fische, große Fische, Quallen, Schnecken, Seeigel, Krebse und alles, was man sich so vorstellen kann. Sie attackierten die Riesenkraken und stürzten sich auch auf Sarafon. Durch die zerborstenen Wände des Palastes trat Licht ein, und Atlanta und Silvio sahen, dass der Mond hell und rund am Himmel aufgegangen war. Ein greller Strahl traf auf den Körper Sarafons. Das Tier schwankte, taumelte und fiel vornüber. Atlanta griff beherzt nach einer Lanze, die sie einem Kraken entwendete, und warf sie zu Silvio, der sie mit voller Kraft in den Leib des Ungeheuers bohrte. Von der Anstrengung verlor Silvio das Bewusstsein.

Als er die Augen aufschlug, lag er, von den dicken Seilen an sein Bett gefesselt, in seiner Holzhütte auf der einsamen Insel. War denn alles nur ein Traum gewesen? Atlanta, der Ozean, der Kampf! Er machte sich frei und rannte hinaus zum Strand. Das Meer kam ihm heute besonders dunkel vor und ihn fröstelte. Wie eine weiche dicke Matte lag die Wasseroberfläche da und ab und zu glitzerte es geheimnisvoll.
Silvio zögerte nicht lange, er stieg in sein Fischerboot und paddelte hinaus aufs Meer. Da entdeckte er einen kleinen Putzerfisch, der immer wieder an die Wasseroberfläche schwamm und nach irgendetwas schnappte. Wenige Minuten später tauchte ein blonder Haarschopf auf und Atlanta blinzelte ihm mit ihren leuchtenden Augen entgegen.
Wortlos legte Silvio die Ruder zur Seite und sprang in die Fluten und in die Arme seiner Meerjungfrau. Sie schwammen zu Atlantas Eltern, den Herrschern über den Ozean, und Silvio wusste, er würde nie wieder in seine Hütte auf der Insel zurückkehren. Endlich war er zu Hause angekommen.

Orient-Ganache

mehr Aufwand

Zutaten

100 ml süße Sahne
je nach Belieben 3 Datteln, 2 Feigen und 1 EL Sultaninen
3 Kapseln Kardamom im Mörser zerstoßen
200 g dunkle Schokolade (70% Kakao)
nach Belieben 1–2 EL Apfeldicksaft zum Abschmecken, kann aber auch durch Zuckersirup ersetzt werden
Trockenobst zur Dekoration, 200 g dunkle Kuvertüre zum Überziehen

Tipp

Kardamom ist eines der ältesten Gewürze der Welt und befindet sich z.B. in jeder Currymischung. Den „Paradieskörnern" wird seit jeher eine aphrodisische Wirkung nachgesagt. Außerdem macht er die jeweilige Speise verträglicher.

Kardamom-Mokka für zwei Personen: sechs bis zehn der schwarzen Körnchen (eine Kapsel) zerstoßen und mit dem Espresso aufbrühen.

Varianten

Sicher haben Sie noch ein paar Aprikosen oder Datteln übrig. Schneiden Sie diese in kleine Streifen oder Eckchen und dekorieren Sie die Ganache, bevor die Kuvertüre fest wird.

1. Die Schokolade mit einem großen schweren Küchenmesser klein hacken und im Wasserbad langsam schmelzen.

2. Die flüssige Sahne mit dem zerstoßenen Kardamom kurz aufkochen und langsam in die Schokolade rühren. Den Apfeldicksaft dazugeben.

3. Die Trockenfrüchte klein schneiden (je kleiner, desto feiner) und unter die Schokoladenmasse heben. Je gründlicher man die Masse verrührt, desto besser verteilen sich die Zutaten und können ihre Aromen abgeben.

4. Die fertige Pralinenmasse auf etwas Backpapier in einem Holzrahmen zum Abkühlen verteilen und für ca. eine Stunde in den Kühlschrank geben. Die Schokomasse sollte die Höhe von einem Zentimeter nicht überschreiten. Denn das ist später auch die Höhe der einzelnen Pralinen. Auf eine glatte Oberfläche achten und eventuell eine weitere Stunde Kühlzeit einkalkulieren. Wer keinen Holzrahmen besitzt, kann ein Backblech mit Alufolie auslegen. Die Enden der Folie dafür nach oben falten, so dass ein stabiler Rand entsteht.

5. Nachdem die Masse abgekühlt ist, in gleich große quadratische Stücke schneiden. Wer Kugeln möchte, kann diese vorsichtig mit kalten, sauberen Händen rollen und danach noch einmal in den Kühlschrank geben.

6. Zuletzt werden die Pralinen-Stückchen mit flüssiger Kuvertüre überzogen. Dafür die Kuvertüre klein hacken und im Wasserbad auflösen. Auf Zimmertemperatur abkühlen lassen und die Pralinen vorsichtig in die Kuvertüre tauchen. Abtropfen und trocknen lassen.

Die Geschichte vom schönsten Garten der Welt

Es waren einmal ein König und eine Königin, die lebten glücklich in einem wunderschönen Schloss, umgeben von einem Garten, wie es wohl keinen schöneren jemals gab. In diesem Garten wuchsen die prächtigsten Bäume und Blumen, so leuchtend wie ein Frühlingsmorgen. Die saftigen Früchte der Bäume verströmten ihren Duft von Orangen, Äpfeln und Feigen, und von den üppigen Wiesen wehten frische Brisen von Pfefferminze und Kardamom. Geschäftige Bienchen tummelten sich in einem endlosen Blütenmeer von rotem Hibiskus und goldgelben Adonisröschen. Vögel zwitscherten Lieder – am Morgen fröhlich und schnell; sanft und leise, wenn am Horizont die Sonne unterging. Ein plätschernder Bach mit kristallklarem Wasser schlängelte sich silbrig glänzend zwischen all der Pracht hindurch. Er labte die Durstigen, erfrischte die Erhitzten. Nicht nur dem Hofstaat, auch den einfachen Menschen aus dem Volke war es erlaubt, dort zu lustwandeln und die Gaben der Natur zu genießen. Alles an diesem Ort war voller Harmonie. Die Menschen, die Pflanzen und die Tiere. Die Hungrigen durften kommen und sich sättigen, und die Traurigen fanden wieder Freude am Leben.

Doch so freizügig das Königspaar seinen Garten dem Volke öffnete, so geheimnisvoll ging es mit seiner Tochter um: Niemand hatte sie je zu Gesicht bekommen. Es existierten unzählige Legenden über die Tugend und Schönheit der jungen Prinzessin. Die Leute erzählten sich, sie sei elfengleich, sanft wie eine Daunenfeder, strahlend wie der erste Sonnenstrahl nach einem kalten Winter, klug wie hundert Gelehrte zusammen und so anständig, dass jedem, der in ihrer Gegenwart einen schlechten Gedanken hegte, sofort die Schamesröte ins Gesicht schießen würde.

So manch edler Herr hatte sich schon auf den Weg in den Garten gemacht, um einen Blick auf das Antlitz der Holden zu werfen. Doch vergebens. Im Garten der Früchte, in dem Überfluss an allem herrschte, gab es den einen Schatz, der den Menschen verborgen blieb. Fast täglich stellten sich Bewerber um die schöne Prinzessin beim Königspaar vor. Doch keiner konnte je den Anforderungen genügen.

In einem Dorf, weit entfernt vom schönen Königsgarten, lebte der junge Tamar in sehr einfachen Verhältnissen. Als ältestes von zehn Geschwistern war er es gewohnt, sich mit wenig zu begnügen. Aber er war trotz allem ein glücklicher junger Mann. Tagsüber half er dem Vater auf dem Feld, abends brachte er seinen kleinen Geschwistern Lesen und Schreiben bei. Er liebte seine Familie über alles und genoss jede Stunde, die sie gemeinsam verbringen konnten. Deshalb freute er sich, als sein Vater ankündigte, am heutigen Abend gemeinsam zu speisen, um dabei etwas Wichtiges zu besprechen. Die besorgte Miene des Alten bemerkte er in seiner Vorfreude nicht.

Vater und Kinder hatten sich in der Küche um die Feuerstelle versammelt. „Meine geliebten Söhne und Töchter, meine Kinder", sprach der Vater mit einem Ton in seiner Stimme, dass es allen kalt den Rücken hinunterlief, „eure Mutter ist schwer krank und muss sterben, wenn es uns nicht gelingt, ihr die einzige Arznei zu verschaffen, die ihr helfen kann. Sie kostet unsagbar viel Geld, Geld, das wir nicht besitzen. Ich sehe keine andere Möglichkeit, als euch zu bitten, hinauszuziehen in die Welt, um genügend Geld für diese Medizin aufzutreiben. Auch ich werde mein Glück versuchen. Vielleicht schaffen wir es noch rechtzeitig."

Tamar traf diese Nachricht wie ein Blitzschlag. Seine schwarzen Augen, die sonst wie Perlen funkelten, umschleierten sich. Ihm war nach Weinen zumute, aber keine Träne rollte über seine Wangen.

Die Geschwister packten noch in der Nacht ihre Bündel und verabschiedeten sich beim Morgengrauen voneinander. Nur die beiden jüngsten blieben zurück, um die Mutter mit dem Nötigsten zu versorgen.

Tamar wanderte von Dorf zu Dorf, er fragte überall nach Arbeit, doch die Zeiten waren schlecht, und nur selten kam er in Lohn und Brot. So sehr er dann auch ackerte, sein Verdienst war spärlich und meist musste er bald weiter ziehen. Schließlich gelangte er an die Grenze des schönen Gartens und beschloss, auch hier sein Glück versuchen. Arbeit musste es in so einem großen Garten doch genug geben.

Staunend wanderte er durch die schöne Landschaft und bewunderte die Farbenpracht. Hier und da hielt er inne, um an einer Blüte zu riechen und seine Blicke verzückt ins Meer der bunten Blumen zu tauchen. Als Tamar am Königspalast anklopfte, wurde er ohne langes Fragen von den Wachen in den Thronsaal geführt. Neun junge Männer hatten sich dort aufgestellt, und Tamar hielt sie allesamt für Bewerber um den Posten eines Gärtners. Er konnte ja nicht ahnen, dass es Prinzen waren, die um die Hand der Prinzessin anhielten. Nun ja, etwas übertrieben herausgeputzt erschienen sie ihm allesamt, aber man will ja den besten Eindruck hinterlassen, wenn man sich auf einer neuer Arbeitsstelle vorstellt, sagte er sich.

Der König musterte die jungen Männer und ergriff das Wort. „Ihr seid gekommen, um meinen größten Schatz zu gewinnen. Alles, was ich besitze, soll dem einen gehören, der meine drei Prüfungen bestehen wird und damit Mut, Klugheit und Güte beweist."

Oha, ein Schatz, dachte Tamar, das ist das Richtige. Ein Wink des Schicksals, ein Zeichen!

Der König fuhr fort: „Wer um sein Leben fürchtet und nicht bereit ist, alles zu geben, der erhält jetzt letzte Gelegenheit, von seinem Ansinnen Abstand zu nehmen."

Und wenn ich mit dem Tod bezahlen muss, dachte Tamar, ich werde hier antreten, um das Leben meiner Mutter zu retten. Er blickte sich um. Seine Konkurrenten schienen stark und flink zu sein, Hünen aus dem hohen Norden, rassige kräftige Burschen aus dem Süden, wilde rohe Kerle aus dem Osten und drahtige sanfte aus dem Westen. Schön waren diese Männer, und jeder schien entschlossen, den Schatz zu gewinnen. Ihm kamen Zweifel, doch seine Not war groß. Er brauchte den Schatz!

Tamars Herz klopfte laut und schnell, als er und die anderen neun Männer in einen Raum geführt wurden. Jeder von ihnen wurde unsanft von zwei Wachen gepackt und bekam eine Kapuze über den Kopf gestülpt. Ein eisernes Schloss legte sich um ihren Hals, so dass es den Männern unmöglich war, die Kapuze vom Kopf zu ziehen. Tamar hörte nur noch das aufgeregte Schnaufen der anderen Bewerber und ein dumpfes Kommando: „Findet den Ausgang!"

Es war eine Prüfung für die Sinne und die Nerven, sich in diesem labyrinthähnlichen Raum zu orientieren. Tamar tastete sich vorsichtig am Boden entlang. Da, ein Lufthauch. Instinktiv folgte er dem Lüftchen. Seine Finger krallten sich in die kalten feuchten Steine, tasteten, suchten, fühlten. Da war eine Öffnung. Modrige Luft schlug ihm entgegen. Kurz entschlossen kletterte er hindurch und rutschte in einen Schacht. Knapp hinter sich spürte er noch jemanden. Tamar verlor den Halt und sauste nach unten, tiefer, immer tiefer, bis er hart auf den Boden prallte. Er fühlte Sand zwischen seinen Fingern, trocken, fast staubig, und musste husten. Er versuchte seine Lungen zu beruhigen und die Wahrnehmungen seiner Sinne zu deuten. Wieder spürte er diesen Luftzug an seinen nackten Füßen, diesmal etwas kräftiger. Er drehte sich in die vermutete Richtung und bewegte sich so schnell, wie es ihm möglich war, vorwärts. Er stolperte, stieß sich den Schädel, schrammte gegen Wände, doch ließ er sich nicht beirren und erreichte den Ausgang. Wieder packten ihn zwei kräftige Arme auf jeder Seite, und man befreite ihn von Kapuze und Schloss. Fünf der zehn Männer hatten den Ausgang erreicht.

Aber die nächste Aufgabe wartete schon. Sie sollten die seltene, blaugefleckte Ringeltaube finden und ihr eine Feder entwenden. Die Taube nistete auf einem Berg inmitten eines Waldes. Die beiden, die zuerst mit einer Feder zurückkämen, wären für die nächste und letzte der Proben vorgesehen.

Ein großer Rothaariger und ein langer Sehniger mit schwarzen Haaren liefen in dieselbe Richtung wie Tamar. Sie überwanden reißende Ströme und kämpften sich durch dichtes Gestrüpp. Als erster gelangte der Rothaarige am Berg an, wo die Taube auf einem Feigenbaum brütete. Er erklomm den Wipfel, riss ihr grob ein paar Federn aus und kletterte flink vom Baum hinunter, um sich auf den Rückweg zu machen. Auch Tamar kletterte nach oben und versuchte sein Glück. Das Tier war so verschreckt, dass es auf seinem Ast hin und her hüpfte und spitze kleine Schreie ausstieß. Tamar hielt inne, aber der Sehnige folgte ihm dicht auf den Fersen. Doch da brach einer der Äste, der Mann fiel in die Tiefe, rutschte den Berg hinab und konnte sich gerade noch an einem Felsvorsprung halten. Er flehte Tamar um Hilfe an. Obwohl nun auch die beiden anderen Mitstreiter auftauchten, stieg Tamar vom Baum hinunter und reichte dem Sehnigen die Hand. Der Vogel aber, von den anderen beiden um seine letzten Federn gebracht, flatterte davon. Also mussten sich Tamar und der Sehnige ohne Beute zurück auf den Weg zum Schloss machen. Tamar war den Tränen nahe, er war sich sicher, dass er seine Chance verspielt hatte, dachte an seine arme Mutter und wurde sehr, sehr traurig. Welche freudige Überraschung war es da, als er hörte, dass seine Mitstreiter disqualifiziert worden waren. Die Aufgabe war nur ein Trick gewesen, um herauszufinden, ob die Bewerber respektvoll mit Pflanzen und Tieren umgingen. Der König ließ die drei Federdiebe aus dem Palast werfen und nur Tamar und sein schwarzhaariger Konkurrent blieben übrig.

Die beiden warteten darauf, dass ihnen die dritte und letzte Aufgabe erteilt würde. Doch nichts geschah. Sie wurden lediglich in einen Saal geführt, in dessen Mitte eine prächtig gedeckte Tafel stand. Herrliche Früchte, kostbarer Wein und edles Konfekt füllten den Tisch. Tamar, der einen gesunden Appetit verspürte, setzte sich und griff zu, aß und trank und konnte besonders von den leckeren Süßigkeiten gar nicht genug bekommen. Eine Praline nach der anderen schob er in den Mund.
Der Schwarzhaarige aber lief nervös auf und ab, sein ganzes Sinnen und Trachten galt der schönen Prinzessin, von der Tamar nicht einmal ahnte, dass sie der Schatz war, um den sich alle bewarben. So gab er sich ganz dem Genuss der Speisen hin und bemerkte nicht, wie sich die Tür auftat und eine zierliche Gestalt den Saal betrat.
Der Schwarzhaarige stürzte auf das Mädchen zu, das niemand anders als die Prinzessin war, machte ihr lauthals Komplimente und betonte, dass er zwei der Prüfungen bereits bestanden habe, weswegen er sich schon als ihren künftigen Gemahl sah.
Die Prinzessin blickte ihn freundlich an und fragte: „Lasst sehen, mein Herr, ob ihr die dritte Prüfung besteht. Womit, verratet es mir, gedenkt Ihr, die Prinzessin glücklich zu machen?“
Der Schwarzhaarige dachte nur einen kurzen Moment nach, dann sprudelte es aus ihm heraus: „Ich werde ihr Gold und Geschmeide verehren, meine Schatzkammern öffnen und ihr die kostbarsten Edelsteine zu Füßen legen, werde ihren Hals mit Perlen schmücken und ... und ... und ...“

„Lasst es gut sein“, sagte die Schöne und trat an den Tisch, an dem Tamar saß. „Und Ihr, mein Herr?“ richtete sie das Wort an ihn. Und es klang in seinen Ohren wie lauter Musik und sein Herz schlug einen Trommelwirbel dazu. Ihm wurden sehr plötzlich zwei Dinge klar. Die Schönheit, in die er sich augenblicklich verliebt hatte, war die Königstochter und zugleich der Schatz, für den es galt, die Prüfungen zu bestehen. Er fühlte eine nie gekannte Leichtigkeit und Freude in sich aufsteigen und wusste, dass er nicht mit Worten und Versprechungen um sie buhlen musste. Übermütig rief er: „Alles, was ihr Herz begehrt, werde ich ihr geben, und wenn es die letzte Praline wäre." Es lag tatsächlich nur noch eine einzige auf dem Teller, er griff danach und steckte sie der Prinzessin in den Mund. Die musste so herzhaft lachen, dass sie sich beinahe daran verschluckt hätte!

Tamar und die Prinzessin fassten sich bei den Händen und tanzten und drehten sich im Kreis und lachten, bis der König mit ernster Miene dazwischentrat und, ganz seiner Würde entsprechend, zu einer feierlichen Rede ansetzte: „Nur zwei von zehn Bewerbern um den wertvollsten Schatz aus dem Garten meines Herzens sind übrig geblieben. Ihr habt beide Mut, Klugheit und Güte bewiesen, nun soll meine Tochter entscheiden, wem sie ihr Herz schenken will."

Als ob das noch eine Frage war! Die Prinzessin lächelte Tamar glücklich an, als dieser plötzlich rief: „Halt, so haltet ein! Edler König, ich kann die Prinzessin nicht heiraten, auch wenn ich sie liebe! Ich muss von meiner Bewerbung zurücktreten, denn der Grund, warum ich hierher kam, ist Geld und der Schatz, den ich zu erringen glaubte ..."

Weiter kam Tamar nicht, der König war von seinem Thron aufgesprungen und schmetterte ihm mit Donnerstimme entgegen: „Du wagst es, das Wertvollste und Schönste, was ich habe, zu verschmähen? Ich wollte dich zu meinem Sohn machen, und du lehnst ab? Du machst dich lustig über mich und trittst meine Großzügigkeit und Güte mit Füßen? Zum Teufel mit dir, zum Teufel! Hängt ihn, sofort!"

Die Prinzessin aber, die nicht nur schön, sondern auch klug war, trat dazwischen und sagte: „Lieber Tamar, es kann nicht sein, dass der Mann, dem sich mein Herz zuneigt, von so niedriger Denkart ist und nichts anderes als Geld im Sinne hat! Was ist mit Euch?"

„Aber ich brauche das Geld doch, damit meine Mutter gesund werden kann ..." Und er erzählte, warum er in den Garten gekommen war und nichts weiter als eine Stelle als Gärtner begehrt hatte und gar nicht wusste, um welchen Schatz er sich bewarb ...

Da schämte sich der König zutiefst. „Vergib mir, Tamar, ich war ein dummer alter Esel. Deine Worte zeigen mir, dass du meiner Tochter tausendmal würdiger bist als jeder andere. Lass deine Familie holen, deiner Mutter wird geholfen werden ... Hoch sollst du leben, Tamar! Lang sollt ihr leben, ihr beiden. Werdet glücklich miteinander und schenkt mir viele Enkelkinder!"

Da jubelte der ganze Hofstaat und gratulierte dem jungen Paar.

Nur wenige Tage später zog Tamars Familie im Schloss ein. Die Mutter erholte sich schnell, erreichte ein hohes Alter und wurde Großmutter von vielen, vielen Enkelkindern, die lärmend durch den schönsten Garten der Welt tobten.

SIN AZÚCAR
SUGAR FREE

Aniskonfekt

etwas Zeitaufwand

Zutaten

100 ml Sahne
150 g dunkle Schokolade
eine kleine Tüte Apfelringe (ca. 10 Ringe)
2 EL Calvados
2 EL Apfeldicksaft
eine ordentliche Prise schwarzer frisch gemahlener Pfeffer
½ Teelöffel zerstoßener Anis
Schokohohlkörper oder dunkle Kuvertüre zum Überziehen

Tipp

Anis hilft u.a. gegen Kopfschmerzen und wirkt aphrodisisch. Früher gab man ein Beutelchen unters Kopfkissen, um süße Träume zu haben. Ein Aberglaube besagt, Anis würde ewige Treue bewirken. In Böhmen gab es am 30.11. den Anischtag.

Varianten

Wenn Sie keine Hohlkörper verwenden, zerkleinern Sie die Apfelringe und mischen sie unter die Anismasse. Streichen Sie dann das Ganze auf ein mit Backpapier oder Alufolie ausgelegtes Tablett und stellen es für zwei Stunden in den Kühlschrank. Ist die Masse fest, schneiden Sie sie in kleine Quadrate und tauchen diese in flüssige Kuvertüre.

1 Die Sahne mit dem zerstoßenen Anis kurz aufkochen und über die feingehackte Schokolade gießen. Falls sich die Schokolade nicht komplett auflöst, helfen Sie mit dem heißen Wasserbad nach.

2 Eine gute Prise Pfeffer und 2 EL Apfeldicksaft unterrühren und auf Zimmertemperatur abkühlen lassen.

3 Geben Sie nun den Calvados dazu und verrühren alles kurz mit dem elektrischen Handrührgerät.

4 Sollten Sie Schokohohlkörper gekauft haben, schneiden Sie nun die Apfelringe in kleine Stücke und geben jeweils ein Teil davon in einen Hohlkörper. Füllen Sie diesen mit der Anismasse auf und lassen Sie das Ganze fest werden.

5 Verschließen Sie sie jetzt noch mit flüssiger Kuvertüre, fertig!

Der Liebeszauber

In einem Land, in dem die Wiesen noch mit einem saftigen Grün überzogen waren und man getrost seine Kinder draußen spielen lassen konnte, lebte die siebzehnjährige Anita mit ihrer Familie. Sie hatte rote Haare, und ihr Porzellanteint war mit unzähligen Sommersprossen übersät. Sie saß gerne im Schatten der Bäume oder pflückte Blumen auf dem Feld, während die anderen Mädchen den Jungs hinterher schauten und sich ausmalten, wie es mit dem einen oder anderen wohl sein mochte.

Anitas Herz hingegen war schon seit Jahren vergeben. An Jan, einen Jungen aus ihrer Schule. Manchmal stellte sie sich vor, über seine kurz geschorenen Haare zu streichen und ihm kleine Neckereien in seine etwas abstehenden Ohren zu flüstern. Er würde sein wunderschönes Lachen lachen und sie fest in die Arme nehmen. Kam er tatsächlich in ihre Nähe, war ihr, als ob kleine Mäuse in ihrem Kopf auf und ab sprangen, und ihr Magen kribbelte, als hätte sie drei Liter Brause auf einmal verschluckt. Doch Jan würdigte Anita keines Blickes. Stets war er von seinen Freunden umzingelt, die irgendetwas ausheckten und wahnsinnig beschäftigt zu sein schienen. Anita zermarterte sich das hübsche Köpfchen, wie sie ihren Traumprinzen erobern könnte, doch in Jans Gegenwart stockte ihr der Atem und ihre Gedanken fuhren Karussell. Sie schrieb seitenlange Briefe, die sie nie abschickte, kaufte kleine Geschenke, die sie nicht abgab, putzte sich stundenlang heraus, traute sich aber nicht, ihm unter die Augen zu treten. Nachts lag sie schlaflos in ihrem Bett und dachte nur an ihn. Ihre Schulnoten ließen nach und der Appetit auch.

Eines Tages, Anita mistete den Pferdestall der Eltern aus und fuhr die volle Schubkarre gerade Richtung Ausgang, bemerkte sie plötzlich einen beißenden Schwefelgeruch. Puh, der Pferdemist stinkt aber, dachte sie. Doch die dichte Qualmwolke, die sich im Stall ausbreitete, konnte unmöglich von der kleinen Fuhre Mist herrühren. Anita musste husten und rieb sich die tränenden Augen. Da trat plötzlich aus der Wolke heraus ein altes, krummes Weib, hässlich wie die Nacht.

„Anita, Anita“, krächzte die Alte, „so geht das nicht weiter. Ich möchte dir einen Handel vorschlagen.“

Anita guckte ungläubig, aber ihre Neugier war geweckt und aufmerksam hörte sie zu, als die Alte fortfuhr: „Nun, es geht dir um kecken Jan. Du möchtest sein Herz gewinnen, stellst dich dabei aber an wie der erste Mensch. Ich will dir helfen. Hier, nimm diese drei Schokoladenkugeln. Jeder, der davon nascht, ist eine Woche lang an die Person gebunden, die ihm als erstes über den Weg läuft. Sorge dafür, dass eine davon in Jans Mund landet. Verliebt er sich innerhalb dieser Woche in dich, hast du gewonnen. Kannst du sein Herz nicht erobern, gehört deine Jugend mir und du wirst alt und gebrechlich sein.“

Anita stieg ein lieblicher Duft in die Nase, als ihr die

Alte die Zauberkugeln hinhielt. Schokolade, Äpfel und Anis lockten mit unwiderstehlichen Gerüchen, und am liebsten hätte sie die Pralinen selbst verschlungen.
Die Hexe wickelte die Kugeln in ein Tuch und reichte sie Anita. „Sei vorsichtig und vernichte den Rest der Schokolade, so dass sie nicht in falsche Hälse gerät."
Wie im Handumdrehen verschwand die alte Vettel, genauso lautlos, wie sie gekommen war.

In dieser Nacht schlief Anita tief und fest. Als sie am nächsten Morgen die Augen aufschlug, kam es ihr so vor, als hätte sie alles nur geträumt. Doch als sie nach ihrer Jacke tastete, fand sie die Pralinen, sauber eingewickelt in das Tuch, genau an der Stelle, wo sie sie hinein gesteckt hatte. Eilig machte sich für die Schule fertig, wählte das blaue Kleid, das ihr besonders gut stand, und flocht sich bunte Bänder in die leuchtend roten Haare. Dann griff sie nach ihren schicken Sonntagsschuhen, in denen sie sich wie eine kleine Königin fühlte, und stöckelte zur Schule.

Schon von weitem hörte sie Jans Lachen, und ihr Herz hüpfte vor Freude. Sie gab sich einen Ruck. Jetzt oder nie. Da stand sie nun vor ihm, schaute in seine schönen braunen Augen mit den goldenen Sprenkeln und bot ihm eine Praline an.
„Heute nicht, Anita, ich habe ausgiebig gefrühstückt."
Kristof, Jans ständiger Begleiter, begann zu kichern. Sie lächelte Jan an, doch er schüttelte nur den Kopf. „Ich hätte gerne was Süßes, kleine Feuerfee!" Kristof streckte grinsend die Hand aus und wollte sich gerade die Schokolade greifen. Hastig wich Anita aus, stolperte und die Praline rollte in den Rinnstein. Gerade flitzte ein schwarzer Kater vorbei, schnappte sich die Kugel und rannte so flink davon.
„Das war ja wohl für die Katz", blaffte Kristof und zog Jan in das Schulgebäude.
Anita war knallrot angelaufen und trabte mit gesenktem Köpfchen in ihre Klasse. Verstört überlegte sie, wie sie die Schokolade an den richtigen Mann bringen sollte, wurde aber durch gellendes Eselsgeschrei unterbrochen. Die halbe Schule stand an den Fenstern und beobachtete lachend und kreischend, wie ein Kater sich ins Hinterteil einer Eselin gekrallt hatte. Nur Anita wusste, was geschehen war. „Keine Sorge, du armes Lastentier, in einer Woche bist du ihn wieder los", flüsterte sie vor sich hin.

Ein Zufall kam ihr am nächsten Tag zu Hilfe. Die Schulküche bot saure Heringe zum Mittagstisch an. Es müsste doch mit dem Teufel zugehen, wenn Jan nach dem Essen keinen Appetit auf Süßes verspürte. Es fiel ihr auch gar nicht mehr schwer, ihn anzusprechen. Jan nahm die Süßigkeit dankbar entgegen.

Und Anita aß die letzte der Pralinen, man konnte ja nie wissen. Auch hatte sie sich den Rat der Alten wohl gemerkt. Die Reste waren zu vernichten, damit nichts Böses damit passierte. Böses passierte auch nicht. Es passierte eher gar nichts. Außer dass die Schokolade wahnsinnig lecker war und cremig locker im Munde zerschmolz und sich warm im Magen ausbreitete.

Enttäuscht kehrte Anita ins Klassenzimmer zurück. Auch der Unterricht war wie immer. Zäh floss die Zeit dahin, dann, endlich, schellte die Glocke. Anita packte rasch ihre Sachen zusammen und wollte sich gerade auf den Nachhauseweg machen, da sprang ihr Jan entgegen und sagte die magischen sechs Worte: „Darf ich dich nach Hause begleiten?"

Anitas Herz begann zu hüpfen, und vor lauter Freude konnte sie nur mit dem Kopf nicken. Jan nahm ihre Schultasche, und so schlenderten sie langsam und plaudernd am Fluss entlang. Als ihre Arme sich berührten, spürte sie, wie weich seine Haut war. Jan pflückte ein paar Sumpfdotterblumen und steckte sie in Anitas rote Zöpfe. Sie kicherte verlegen und wurde schon wieder rot. Jetzt nur nichts Falsches sagen. Du hast eine Woche Zeit.

Nach dem Umweg kamen sie dann doch bei Anitas Haus an. Jan machte keine Anstalten, sich zu verabschieden. „Ich weiß nicht, wie mir geschieht, aber ich kann mich kaum von dir trennen."

Beide blickten sich tief in die Augen und ertranken beinahe im Blick des anderen, bis eine schrille laute Stimme an ihre Ohren drang: „Aniiiiita! Wo steckst du?"

Die Mutter stand in der Tür und schickte Jan freundlich, aber bestimmt nach Hause. Doch fand er noch Gelegenheit, Anita zu bedeuten, dass er morgen früh auf sie warten würde.

Der nächste Tag wurde noch schöner. Jan hatte ein Boot besorgt und ruderte mit Anita den Fluss hinunter.

„Lass uns bis ans Ende der Welt fahren, nur wir beide. Keine Eltern, keine Sorgen, keine Schule!"

Anita genoss jede Sekunde, die sie mit Jan zusammen war. Er suchte ihre Nähe, hauchte ihr schüchterne Küsschen auf die Wange, bot ihr den Arm, als es ans Aussteigen ging. Er fütterte sie mit Erdbeeren und Trauben. Die Sonne verwöhnte die beiden mit einer angenehmen wonnigen Wärme bis in die Abendstunden hinein. Der Abschied fiel ihnen noch schwerer als am Tag zuvor. Den Ärger wegen der Fehlstunden nahm Anita gern in Kauf. Ja! Sie liebte ihn, sie liebte ihn von ganzem Herzen. Sie war so glücklich, sie drohte fast zu ertrinken vor lauter Glück.

In der Nacht jedoch träumte sie von dem alten Weib, das ihr die Pralinen zugesteckt hatte. „Liebes Kind, denke an unseren Pakt. Nach einer Woche bist du mein, wenn er deine Gefühle nicht erwidert."

Mit einem mulmigen Gefühl erwachte Anita und schüttelte die roten Locken, um die Sorgen loszuwerden. Doch der fahle Beigeschmack begleitete sie für den Rest des Tages. Was, wenn Jan wirklich nur dem Liebeszauber erlegen war und nach einer Woche nichts mehr von ihr wissen wollte? War die schöne Zeit nur Gaukelei oder würde sich sein Herz für sie erwärmen? Sie blickte ihn von der Seite an. Seine Haut duftete frisch, und ihr Herz begann erneut zu hüpfen. Sie streichelte seinen Nacken. Jan grunzte wohlig und schmiegte seinen Kopf in ihre Hände. Er schloss die Augen und spitzte die Lippen, um sich einen Kuss zu erschmeicheln. Ihre Lippen berührten die seinen. Da schlang er seine Arme um ihren Hals, zog sie dichter an sich heran und küsste sie innig.

Jeder neue Tag brachte wunderbare Erlebnisse. Anita und Jan entdeckten die Welt neu, lebten und erlebten die gemeinsamen Stunden als höchstes Glück und verzehrten sich vor Sehnsucht nach dem anderen, wenn sie getrennt waren. Sie vergaßen zu essen, zu schlafen sowieso, weil sie sich nachts hinaus stahlen zum anderen, um noch mehr voneinander aufzusaugen. Jeder Blick wurde zum Versprechen, jeder Kuss ein Siegel ihrer Gemeinsamkeit.

Der siebte Tag war gekommen. Der letzte innerhalb der Frist, die Anita von der Alten gesetzt worden war. Anitas Seele war überschattet von einer bösen Vorahnung. War morgen der Anfang oder das Ende ihrer Zeit mit Jan? Hatte sie alles richtig gemacht, alles versucht? Sollte sie sich heute rar machen oder noch einmal alles genießen? Vor lauter Unsicherheit verfinsterte sich ihre Miene, dass selbst die Sommersprossen ihr Gesicht ernst aussehen ließen. Unsicher trat sie ihrem Liebsten entgegen und begrüßte ihn mit einem zaghaften Kuss. Jan bemerkte den ängstlichen Blick, fragte, was geschehen war, doch Anita blieb ihm eine Antwort schuldig. Stattdessen sattelten sie zwei Pferde auf der Koppel von Anitas Eltern, ritten durch den Wald und machten Halt, als sie zu einer kleinen Lichtung kamen. Anita breitete eine Decke aus, sie ließen sich nieder und begannen sich zu necken und zu balgen, doch rasch ging ihr übermütiges Spiel in eine liebevolle Koserei über. Sie küssten sich, wieder und immer wieder, streichelten einander und entdeckten den anderen. Immer wilder und hitziger wurde ihre Entdeckungsreise, die Unschuld der vergangenen Woche war verflogen. Splitternackt wälzten sich Jan und Anita zwischen Blumen und Gräsern aufeinander, ineinander, übereinander, bis sie befriedigt, glückselig und vollkommen erschöpft voneinander abließen.

Ein lautes Vogelzwitschern weckte Anita kurz nach Sonnenaufgang. Sie schreckte auf und blickte neben sich. Durch die abrupte Bewegung war Jan ebenfalls aufgewacht und sah sie verschlafen an. Dann lächelte er kurz und drehte sich um, um weiterzuschlummern. Zufrieden kuschelte sich Anita in seine Arme und seufzte glücklich. Allerdings machte sie kein Auge mehr zu. Irgendetwas musste doch passieren, irgendwie musste es doch jetzt eine Veränderung geben. Wie sollte sie sonst herausfinden, woran sie war?

Nun schlug auch Jan die Augen auf. „Weißt du eigentlich, dass es das Schönste auf der Welt ist, neben dir aufzuwachen?"

Er strich ihr über die Wange und drückte ihr einen Kuss auf die Stirn. Und wieder hüpfte ihr Herz, als würde es Seilspringen. Der Zauber musste doch seine Wirkung verloren haben! Also hatte Jan sich wirklich in sie verliebt?! Noch immer mochte sie es nicht glauben. Vorsichtig löste sie sich aus seiner Umarmung und ging ein Stückchen in den Wald hinein. Ein Zeichen, sie brauchte Gewissheit! Da stieg ihr Schwefelgeruch in die Nase, und wie bestellt erschien die Alte.

Überschwänglich rannte Anita auf sie zu und umarmte sie, was ihr im gleichen Moment sehr peinlich war, doch fand sie schnell die richtigen Worte: „Es hat funktioniert! Dein Liebeszauber hat gewirkt. Ohne ihn hätte Jan mich nie beachtete! Hab tausend Dank dafür."

Da begann die Alte lauthals zu lachen. Sie schüttelte sich und kicherte, ihr krummer Körper bog sich, dass man Angst haben musste, sie würde auseinanderbrechen.

„Du dummes Mädchen! Das war gar kein Zauber. Liebeszauber gibt es nicht. Es kann nur zusammenkommen, was auch zusammengehört. Ich wollte dir nur Mut machen und habe deshalb zu dem Trick mit den Schokoladenkugeln gegriffen. Du bist einfach über deinen Schatten gesprungen, den Rest habt ihr selber erledigt. So einfach war das."

Die Alte wischte sich ein paar Lachtränen aus den Augen. Dann gab es einen lauten Knall und sie war verschwunden.

So hatte die wunderbare Liebesgeschichte zwischen Anita und Jan begonnen. Als einige Jahre ins Land gegangen waren, feierten sie Hochzeit und teilten ein Leben lang alles – bis auf das kleine Geheimnis der Schokoladenkugeln. Viel später, als ihre eigene Tochter siebzehn Jahre alt und der richtige Augenblick gekommen war, schenkte Anita ihr drei süße Schokoladenkugeln. Die wahre Geschichte verriet sie nicht, aber die Wirkung war immer noch die gleiche.

Zimtwölkchen

einfaches Rezept

Zutaten

12 Eiweiß
150 g Rohrohrzucker
60 g gemahlene Nüsse, z.B. Mandeln
Mark einer Vanilleschote
½ TL Zimt
ca. 100 g Trüffelbasiscreme ohne Butter (siehe S. 22)
etwas Zimt, Likör nach Wahl
evtl. Kakaopulver bzw. Puderzucker zur Deko

Tipp

Zimt ist ein kleines Wundermittel. Das Pulver lindert Beschwerden aller Art, fördert die Durchblutung und erwärmt.

Variante

Wer möchte, gibt in die Trüffelcreme noch 1 bis 2 EL Likör oder Schnaps, Kirsche oder Orange passen gut, genauso wie Amaretto. Sie können auch etwas Zimtpulver dazu geben.

1. Backofen auf 125 Grad vorheizen.

2. Wer genügend Zeit hat, röstet die Nüsse kurz in der Pfanne an und lässt sie dann abkühlen.

3. Das Eiweiß mit dem elektrischen Handrührgerät steif schlagen. Nach und nach den Zucker dazugeben und weiterrühren, bis sich eine glänzende weiße Masse bildet, die an das Innere von Schaumküssen erinnert. Lassen Sie sich beim Rühren Zeit, damit sich der Zucker gut mit dem Eiweiß verbinden kann. Die Schaummasse ist erst dann fertig, wenn sie nicht mehr aus dem umgedrehten Topf herausläuft.

4. Die Vanilleschote halbieren und das Mark mit dem Messerrücken auskratzen. Zusammen mit den Nüssen und dem Zimt unter den Zuckerschaum rühren.

5. Die fertige Masse mit einer Spritztülle auf ein mit Backpapier ausgelegtes Blech portionieren. Sollte dafür kein Küchengerät vorhanden sein, tun es auch zwei Teelöffel. Immer einen halben mit der Masse füllen und vorsichtig mit dem anderen aufs Backpapier streichen. Da die Masse beim Backen noch auf- bzw. zergeht, sollten die Portionen nicht größer als Murmeln sein und einen guten Abstand zueinander haben.

6. In den vorgeheizten Ofen geben. Nach ca. 25 Minuten bei 125 Grad sind die Wölkchen fertig. Sofort vom Blech nehmen, um eventuelles Nachbacken zu vermeiden.

7. Während der Back- und Abkühlphase kann die Trüffelbasiscreme hergestellt werden. Für eine streichfähige Konsistenz sollte man die Creme nur kurz mit dem elektrischen Handrührgerät schlagen.

8. Die flache Seite einer Makrone mit etwas Creme bestreichen und eine andere dagegen setzen. Nach Belieben mit Kakaopulver oder Puderzucker bestäuben.

Amors verirrte Pfeile

Wenn sich zwei Menschen verlieben, passiert das entweder, weil es das Schicksal so will, oder weil Amor seine Finger im Spiel hat. Das Enfant terrible der Himmelsboten verfügt über ein phantastisches Fingerspitzengefühl und eine ungeheure Treffsicherheit, wenn es um Paar-Kompatibilität geht. Doch es kam eine Zeit, in der Amor völlig frustriert war. Tagelang war er über die Erde geflattert, doch er hatte kein Paar gefunden, welches seine Hilfe benötigte. In Zeiten von Datingshows und Online-Chats haben es himmlische Kuppler einfach schwerer. Also saß der Blondgelockte auf seiner Wolke, ließ seine dicken Beine mit den Sandalen an den Füßen baumeln und stierte durch sein Fernrohr, um nach geeigneten Opfern Ausschau zu halten. Die Zeit wurde ihm knapp, denn die Konkurrenz wartete bereits. Schließlich musste jemand, der den Namen Amor tragen durfte, regelmäßig die Herzen der Menschen in Aufruhr bringen. Sonst würde er durch den nächsten Anwärter abgelöst. Es war, gelinde gesagt, allerhöchste Eisenbahn, kurz vor zwölf. Eine Woche hatte Amor noch Zeit, die Herzen zweier Menschen, die füreinander bestimmt waren, zueinander zu führen. Doch nirgendwo konnte er ein verräterisches Glitzern oder Blinken erkennen, so sehr er sich auch anstrengte und alles absuchte, was er unter die Linse bekam. Nur zwei Esel hatte er im letzten Monat glücklich gemacht, aber die zählten nicht, denn obwohl sie störrisch waren wie manch Menschenkind, waren es eben doch nur langohrige Tiere! Zwei Menschen mussten her! Aber selbst unter den Langzeit-Singles, die sich ohne ihn nie über den Weg laufen, fand er kein passendes Paar.

Völlig verspannt lag Amor am Abend auf seiner Massageliege, atmete Blütenöl und Zimtduft und ließ sich von seiner Ayurveda-Beraterin durchmassieren. Plötzlich schoß ihm ein Gedanke durch das lockige Köpfchen. Indien! In einem Land, das solche Filme drehte, wie er am Abend zuvor einen gesehen hatte, musste er etwas ausrichten können. Hektisch sprang er von der Liege, versicherte der erstaunten Masseurin, dass alles in Ordnung sei, und machte sich schnurstracks und per Luftpost auf ins Land von Curry und heiligen Kühen.

Warme Luft und exotische Gerüche verwöhnten seine Knubbelnase, und bereits nach kurzer Zeit des Umherschwirrens stieß er auf ein trauriges junges Ding, das für seine Zwecke ideal zu schein schien. Sie hieß Harshini und hatte wie alle anderen Mädchen des Landes große dunkle Augen, langes schwarzes Haar und eine goldgelbe Hautfarbe. Amor war begeistert. Nicht, weil die junge Dame so traurig war, aber Traurigkeit war nun mal ein Zustand, mit dem er, Amor, etwas anfangen konnte. Er betrachtete die Kleine genauer, wie sie fleißig neben den anderen Mädchen Wäsche am Fluss reinigte. Sie hatte eine wohlgeformte Figur, die sie in einen roten Sari gehüllt hatte. Um ihren schlanken Hals schlang sich ein zartes Goldkettchen. Amor ließ die Beine im Flusswasser baumeln, er liebte es, die Beine baumeln zu lassen, und betrachtete seine Neuentdeckung. Es würde nicht schwer sein, dieses hübsche Geschöpf unter die Haube zu bringen, davon war er überzeugt.

Harshini war mit der Wäsche fertig, packte die nassen Sachen in einen Korb aus Flechtwerk und machte sich auf den Nachhauseweg. Amor flatterte unbemerkt hinter ihr her. Sie trug den Korb auf ihrem Kopf und schwang elegant mit den Hüften, um das große Gewicht auszugleichen. Nach einiger Zeit begann Amor die schwingende Bewegung aufzunehmen, so dass ihm ein bisschen schwindlig wurde. Doch bevor er völlig aus der Flugbahn geriet, kamen sie in Harshinis Heim an. Es war ein kleines Haus aus Lehm, bescheiden, aber sauber. Während Harshini die Wäsche im Hof über eine gespannte Leine hängte und sich dann daran machte, das Essen zuzubereiten, sah sich Amor ein wenig im Haus um. Es gab vier Zimmer, in denen sich mehrere Betten befanden, und draußen vor der Hütte stand ein Brunnen für frisches Wasser. Harshini schnitt Gemüse klein und warf es in einen großen Topf über dem Feuer, gab Curryblätter, Pfeffer, Salz, Zimt und noch ein paar andere Gewürze hinein und ließ das Ganze vor sich hin köcheln. In einem zweiten Topf kochte sie Reis auf. Hätte Amor Nahrung zu sich nehmen können, hätte er liebend gerne gekostet, aber Engel essen, wenn überhaupt, nur ab und zu etwas Manna.

Nach und nach füllte sich das kleine Haus mit Männern, Frauen und Kindern, bis die Familie komplett war. Alles plauderte und redete durcheinander. Amor hatte es sich derweil auf der Fensterbank gemütlich gemacht und beobachtete, wie Harshini und ihre Mutter, den Eintopf verteilten. Die Meute beruhigte sich, nur die dicke Frau, die Harshini mit Tante Induma anredete, verlangte mehrmals Nachschlag. Schließlich mahnte die Mutter: „Wir müssen noch dein Kleid für die Hochzeit herrichten, Harshini, und deine Schwestern brauchen auch noch etwas Schönes zum Anziehen."
Amor wäre vor Schreck beinahe von seinem Platz gekippt. Harshinis Miene verdunkelte sich. Offensichtlich teilte sie nicht wirklich die Freude ihrer Mutter, endlich unter die Haube zu kommen. Ja, das musste es sein! Deshalb hatte er sie gefunden. Verwundert flatterte Amor im Esszimmer umher. Normalerweise sollte er doch Paare zusammenbringen, nicht auseinander. Merkwürdig war das, sehr merkwürdig. Doch die Zeit lief, und er musste seine Recherchen beschleunigen. Also zauberte er etwas Schläfrigkeit über die Familie und schlich sich in Harshinis Träume. Dort erfuhr er, dass sie einem reichen Industriellen in der Stadt versprochen worden war. Der

Mann war dreimal so alt und viermal so schwer wie Harshini. Eine Zwangsheirat. Wie ekelhaft! Doch schlug Amors System bei einer Zwangsheirat nicht Alarm. Es musste also noch etwas anderes geben. Ein Gegenstück zu Harshini, den Traummann.

Amor verdrehte die Augen und kratzte sein Lockenköpfchen. Dann strich er sich kurz über die Flügel und machte sich auf die Suche. Um sich etwas Luft zu verschaffen und wichtige Schwingungen zu empfangen, stieg er in die Lüfte, durchkreuzte die Milchstraße, umflatterte einmal Mars und einmal Venus, bis er sich wieder auf den Weg zur Erde machte. Da, er verspürte einen Sog, links unten, links links links liiiiinks. Amor schwebte am Flussufer entlang, unweit von der Stelle, an der er Harshini am Nachmittag zum ersten Mal getroffen hatte. Er ließ sich weiter leiten, flog, bis er zu einem Haus inmitten eines schönen Gartens kam. Einladend stand das Tor offen, und Amor wanderte frech den kleinen Kiesweg direkt zum Haus entlang. Neugierig trabte er hinein und durchsuchte die Zimmer. Urgemütlich war es drinnen, angenehm kühl, mit weichen Teppichen und massiven Holzmöbeln und sogar einem Spiegel mit goldenem Rahmen. Bunte Bilder hingen an den Wänden, und es duftete zart und frisch nach Meer und Wind. Da vernahm er ein zartes Geklimper und folgte den Klängen, bis er in einen großen Raum kam. Dort saß am Flügel ein junger Mann, attraktiv, gepflegt, sensibel.

Du sollst es also sein. Wohlhabender junger Mann trifft armes Mädchen, sie verlieben sich, überwinden irgendwelche Grenzen und leben vergnügt und glücklich bis an ihr Lebensende. Hervorragend. Dann gilt es nur noch den dicken Bräutigam auszuschalten, die beiden einander vorzustellen, und ich habe meine Lizenz als Amor um ein weiteres halbes Jahr verlängert. Und so beschloss Amor, dem jungen Lalitmohan, so hieß der Auserwählte, zuallererst ein Bild seiner künftigen Braut zu schicken. Und es funktionierte. Lalitmohan hielt inne, sein ebenmäßiges Gesicht erhellte sich, und die Sorgenfalte, die bisher seine Augenbrauen getrennt hatte, verschwand. Amor rieb sich die Hände. Die Liebesgeschichte konnte beginnen.

Am nächsten Tag, zurück bei Harshini, versuchte Amor ihren Weg auf irgendeine Weise in Richtung Lalitmohan zu lenken. Das war leichter gesagt als getan, denn Harshini war mit den Hochzeitsvorbereitungen vollauf beschäftigt. Und auch der etwas introvertiert veranlagte Lalitmohan, ein begabter und gefragter Architekt, kümmerte sich mehr um seine Geschäfte als um sein Privatvergnügen. Das gestrige Bild allerdings hatte anscheinend tiefen Eindruck hinterlassen. Immer wieder hielt Lalit, wie ihn seine Freunde nannten, inne, starrte auf seine Zeichnungen und Entwürfe und dachte an Harshini, deren Namen er natürlich noch gar nicht kannte.

„Wenn du nur tagträumst, wird das nie was, und ich verliere meine Kuppellizenz“, murmelte Amor vor sich hin. Die Zeit lief ihm davon. Dass die jungen Leute von heute immer eine Extraeinladung brauchen. Zwei wertvolle Tage seiner Frist waren verstrichen, und die Wege der beiden hatten sich noch immer nicht gekreuzt. Amor flatterte ständig zwischen Lehmhaus und Büro hin und her, seine blonden Locken hingen ihm schon feucht vor Schweiß ins Gesichtchen. Da soll noch mal einer sagen, Glücksboten kämen nicht ins Schwitzen. Er hatte sogar mit dem Nägelkauen begonnen und knibbelte nervös an seinen Fingern herum.

Seine beiden Schützlinge gefielen ihm jedoch von Tag zu Tag besser. Harshini schien ein fröhliches Mädchen zu sein, auch wenn sich ihre Miene mehr und mehr verdunkelte, je näher der Hochzeitstag rückte. Als ihre Hände dann Zeichen aus Henna aufgemalt bekamen und sie den prunkvollen Hochzeitssari anprobierte, fühlte sie eine große Einsamkeit in ihrem Herzen. Amor hätte ihr gern beigestanden, doch gegen gewisse Dinge war auch er einfach machtlos. Schaffte er es nicht, die beiden füreinander Bestimmten in vorgesehener Stellung zu positionieren, in der gleichen Stadt, im gleichen Raum, zur gleichen Zeit, würde der Schicksalsengel nicht auf seiner Seite sein. Dann würde er sich seine Vertragsverlängerung abschminken können!

Amor flog zum Haus von Lalitmohan und intensivierte bei ihm die Gefühle von Sehnsucht und Begierde, doch erreichte damit nur, dass sich der junge Mann nicht mehr auf seine Arbeit konzentrierte und mit seinem aktuellen Auftrag in Verzug zu geraten drohte. Lalitmohan hockte verzweifelt hinter seinem Schreibtisch, doch leider konnte er keinen vernünftigen Gedanken mehr fassen, seit Amor in sein Leben getreten war. Auch Lalit stand gehörig unter Zeitdruck. Der Auftrag sollte übermorgen erfüllt werden, und es gab noch eine Menge zu tun.
Hier war also für Amor nicht viel auszurichten. Blieb nur der dicke Bräutigam. Dieses Hintertürchen wollte sich Amor zwar bis zum Schluss aufheben, ein wenig Detektivarbeit konnte jedoch nicht schaden. Er wollte am Ende der sieben Tage Harshini und Lalitmohan glücklich sehen. Und das würden sie werden, davon war er überzeugt. Sicher würden die beiden niedliche Kinder zusammen haben. „Aber nur, wenn ich mich anstrenge", sagte Amor zu sich selbst.

Da stand er nun im 30. Stock eines Wolkenkratzers. Ein komisches Gefühl, selbst für jemanden, dem Flügel aus dem Rücken wachsen. Harshinis Verlobter schien ein knallharter Geschäftsmann zu sein, der mit mehr oder minder legalen Mitteln zu viel Geld gekommen war. Offenbar hatte er das meiste in Nahrung angelegt, denn er war unwahrscheinlich dick und schwitzte bei jeder Bewegung fürchterlich. Zigarrenrauch verqualmte sein Büro, und er hustete ständig, so dass man fürchtete, er würde daran ersticken. Aber für den Tod war das Schicksal zuständig, damit hatte Amor nichts zu tun, obwohl ihm doch der Gedanke an eine solche Lösung kurz durch sein wirres Goldköpfchen gerauscht war. Er hockte sich auf den blank geputzten Schreibtisch und betrachtete den Dicken misstrauisch. Wieso machte ein so alter, knittriger Mann einen Ehevertrag mit einer so jungen unschuldigen Dame? Es müsste ihm doch klar sein, dass sie mit ihm niemals glücklich werden könne. Amor trommelte aufgeregt mit seinen abgekauten Fingernägeln auf dem Tisch herum, dass der dicke Bräutigam sogar aufblickte. Doch war niemand zu sehen, und Amor verschwand so schnell, wie er gekommen war.

Der Vortag der Hochzeit war für alle ein Trauertag. Lalitmohan war von einer schweren Wolke an Hektik und Stress umgeben. Obwohl sein Projekt morgen zum Ende kommen würde, war seine Stimmung derart betrübt, als ginge es um die eigene Beerdigung. Die Brauteltern hingegen waren so nervös, dass sie sich nur noch gegenseitig beschimpften und im Haus hin und her scheuchten. Harshini hatte sich nun vollends in ihr Schneckenhaus zurückgezogen und ließ alles über sich ergehen.

Amor rann die Zeit nur so durch die Finger. Morgen, Punkt elf, wenn der Bräutigam seiner Braut das Ja-Wort gegeben hatte, wäre die Liebe zwischen Harshini und Lalitmohan Geschichte, bevor sie überhaupt passieren konnte. Vielleicht war es ja besser, wenn danach ein anderer seinen Kuppeljob übernehmen würde. Anscheinend hatte ihn sein Talent für die Herzensangelegenheiten fremder Leute verlassen. Er stütze seinen schweren Kopf auf die Hände und stierte Löcher in den Boden. Mit den Zehen versuchte er, kleine Steinchen aufzuheben und über einen Zaun zu schnipsen. Bis zum nächsten Morgen waren es nur noch wenige Stunden und Amor war mit seinem Latein am Ende.

Und so kam es, dass Harshini in den frühen Morgenstunden herausgeputzt wurde. Ihr schönes Gesicht trug sie verschleiert, damit der Bräutigam sie nicht zu sehen bekäme. Auch er unterzog sich den vorgeschriebenen Zeremonien.

Die Zeit war gekommen, die Gäste strömten zum Garten, wo der Empfang vor der Vermählung stattfinden sollte und das Brautpaar seine Gäste dann in das neuerbaute Haus laden würde.

Amor hatte sich mit einer gläsernen Karaffe Wein in eine ruhige Ecke zurückgezogen und gönnte sich einen Schluck nach dem anderen in dem Bewusstsein, dass er es als letzte Amtshandlung nicht geschafft hatte, zwei junge Menschen glücklich zu machen. Er summte einen Trauermarsch vor sich hin und erstickte seinen Kummer im Alkohol. So schrieb er es auch dessen sinnentrübender Wirkung zu, als er Lalitmohan in der Tür des Hauses verschwinden sah. Und doch, es war Lalitmohan, denn niemand anders als er hatte im Auftrag des reichen Bräutigams dessen künftiges Heim errichtet. Ein letztes Mal wollte Lalitmohan kontrollierend durch das Haus gehen und sich vom erfolgreichen Abschluß des Auftrages überzeugen.

Als er einen der festlich hergerichteten Räume betrat, fiel sein Blick auf zwei große Torten. Eine zierte das Bildnis des Bräutigams, die andere das der Braut. In Sekundenschnelle war es um Lalitmohan geschehen: Diese junge Frau war das Traumbild, das ihn seit Tagen begleitete, und sie war alles, wonach er sich je gesehnt hatte. Zugleich wurde ihm bewusst, wie aussichtslos seine Situation war. Schmerzlich vernahm er die Hochzeitsmusik, die aus dem Garten an seine Ohren drang. Wie in Trance mischte er sich unter

die Gäste, die applaudierten und vor Begeisterung schrien, als Braut und Bräutigam aufeinander zu schritten. Harshini senkte ihr Haupt und schlurfte so langsam wie möglich ihrem Schicksal entgegen. Voll Trauer wandte Amor sich ab und goss sich noch mal ordentlich Wein nach. Länger konnte Harshini den Weg nicht hinauszögern. Braut und Bräutigam waren an vorderster Stelle angekommen. Es wurden traditionelle Lieder für Glück und Kindersegen gesungen, ein paar Kinder sagten lustige Sprüche auf, dann war der Augenblick gekommen. Die Brautmutter schluchzte vor Rührung laut auf, und der Bräutigam hob den Schleier. Harshini blinzelte sich die Tränen von den Lidern. Lalitmohan konnte seine Augen nicht von ihr wenden, und für ein paar Sekunden trafen sich ihre Blicke.
Amor, von Schluckauf geplagt, sprang taumelnd auf. Geistesgegenwärtig, wenn auch etwas schief, spannte er den Bogen und schoss seine Liebespfeile ab.
Da ging ein Aufschrei durch die Menge.
Der Bräutigam hatte Harshini grob zur Seite gestoßen und die dicke Tante Induma in seine kurzen Arme gerissen, die allerdings nicht weit um die Tante herumreichten. Er schwor Stein und Bein, nur diese Frau sei die Auserwählte, die er hier und heute heiraten wolle, und bestand auf einer sofortigen Trauung.
In der ganzen Aufregung beachtete niemand, wie Harshini und Lalit aufeinander zu gingen, wie ihre Hände sich trafen und ihre Lippen sich fanden.
Als dann irgendwann doch der frisch vermählte Dickwanst das junge Liebespaar bemerkte, war er sehr froh, denn so musste er den Brauteltern keine Strafe zahlen, um aus dem Vertrag herauszukommen.
Lalit und Harshini heirateten noch am selben Tag und waren von Stund an glücklich.

Und Amor? Der bekam trotzdem keine Vertragsverlängerung. Zwar hielt ihm die Himmelsbehörde zugute, dass er Lalit das Bild Harshinis eingegeben hatte, ließ aber halbe Arbeit nicht gelten, denn es war das Schicksal, das die beiden zusammengeführt hatte. Amor konnte noch von Glück reden, dass die Himmelsaufsicht wegen seines unter Alkoholeinfluss abgegebenen Schusses, der das unerwartete Liebesglück für Tante Induma gestiftet hatte, kein Strafverfahren einleitete.
Doch Amor war über seine neu gewonnene Freiheit nicht böse, schließlich kassierte er eine fette Abfindung, von der er sich eine eigene Wolke mit privater Ayurveda-Farm zulegte. Nur selten kam er noch auf die Erde hinunter und wenn, dann nur, um die niedlichen Kinder von Lalit und Harshini zu besuchen.

Kakao und Schokolade als Wellness-Erlebnis

Schokolade enthält viele wertvolle Inhaltsstoffe. Eine positive Wirkung auf die Haut haben die Polyphenole und Flavanole. Sie wirken entzündungshemmend und unterstützen den Feuchtigkeitsgehalt der Haut. Der Schutz vor UV-Strahlung soll ebenfalls verstärkt werden.

Kakaoschalentee

Schokolade macht also nicht nur glücklich, sondern auch schön! Weniger Kalorien, dafür einen interessanten Geschmack bietet der Kakaoschalentee, den es im Reformhaus zu kaufen gibt. Die Schalen sind quasi ein Abfallprodukt der gerösteten Bohnen und haben eine positive Wirkung auf die Bauchspeicheldrüse, auf das Nervensystem und die Nieren.

Einfach ein paar Teelöffel der Schalen in einen Topf mit kaltem Wasser geben. 15 Minuten köcheln lassen – fertig! Wer mag, kann nach Belieben süßen.

Variante: Geben Sie für die letzten fünf Minuten ein Stück Ingwer oder eine Stange Zimt dazu und Sie können den zusätzlichen positiven Effekt dieser Gewürze auch noch ausnutzen.

Mit einem Schuss Milch wird das Ganze zur Yogi-Tee-Variante.

Einige Wellness-Tempel haben die positive, schönmachende Wirkung von Schokolade entdeckt und bieten mittlerweile eine Vielzahl an Variationen an. Da gibt es entschlackende Packungen, Gesichtsmasken oder Schokoladenmassagen. Lassen Sie sich doch einfach mal eine Anwendung zum Geburtstag schenken oder gönnen Sie sich zwischendurch selbst eine Behandlung. Auch die Kosmetikindustrie greift gerne zur Kakaobutter als Basis für Cremes und Lotionen. Nicht nur, weil sie leicht fettend wirkt, sondern weil die wenigstens Menschen darauf allergisch reagieren.

Schokomassage

Für eine Schokomassage verrühren Sie ein Schälchen Öl, am besten Mandel- oder Traubenkernöl, da das die Haut zusätzlich noch weicher macht, mit einem Teelöffel Kakaopulver.

Bevor Sie sich mit der Schokocreme massieren lassen, vergessen Sie nicht, ein Handtuch unterzulegen, sonst gibt es unschöne Schokoflecken!

Bei Gesichtspeelings und Masken vergessen Sie niemals Hals und Dekolleté. Auch diese Körperstellen brauchen Pflege und neigen bei Vernachlässigung dazu, sich beleidigt zusammenzuziehen, genauer gesagt, sie bilden schnell Fältchen, denen durch entsprechende Behandlung vorgebeugt werden kann.

Kakaobutter-Gesichtsmassage

Ideal ist die Butter in ihrer Reinform. Sie können sie mittlerweile in gut sortierten Reformhäusern oder übers Internet bestellen. Alternativ besorgen Sie sich eine normale Creme auf Kakaobutterbasis. Geben Sie dann einen haselnussgroßen Klecks auf die sauberen Handinnenflächen und verreiben die Creme gleichmäßig und in kreisenden Bewegungen im gereinigten Gesicht. Nicht nur die Kakaobutter, auch die Massage macht die Haut glatter und vermindert Fältchen und Trockenheit.

Schoko-Peeling

Ein Peeling reinigt die Poren und befreit die Haut von abgestorbenen Hautschüppchen. Ideal ist es, wenn danach noch eine pflegende Maske aufgetragen wird. Ein spezielles Schoko-Peeling kenne ich nicht, doch wenn Sie bei den beiden folgenden Rezepten etwas Kakaopulver hinzugeben, intensiviert es die Wirkung.

1. Salz

Eine Schüssel geschlagene Sahne, 1 EL Himalaja- oder Meersalz, ein paar Tropfen Olivenöl und einen halben TL Kakaopulver verrühren und auf Gesicht und Körper geben und in kreisförmigen Bewegungen einmassieren. Nach ca. einer Minute mit lauwarmem Wasser gut abspülen. Wichtig: Mund zu, die Mischung schmeckt furchtbar!!!

2. Zucker

Gut gegen Pickelchen ist ein Peeling aus Zucker, Wasser und Seife. Dafür einfach ein Stück Gesichtsseife in den Händen aufschäumen, etwa 1 TL feinen Zucker und ½ TL Kakaopulver dazugeben und auf Gesicht und den übrigen betroffenen Stellen verteilen. Etwa eine Minute sanft einmassieren, mit lauwarmen Wasser abspülen, fertig!

Schokomaske

2 EL Sahnequark, 1 Eigelb und einen TL Kakaopulver miteinander verrühren und auf die gereinigte Gesichtshaut und Dekolleté geben. Mindestens 15 Minuten einwirken lassen und mit einem warmen feuchten Lappen vom Gesicht nehmen – ein hervorragender Frischmacher, der zudem für straffe Haut sorgt!

Eine etwas teurere Variante ist es, wenn man der Mixtur noch einen Tropfen Rosenöl untermischt, es ist aber ein wahres Wundermittel!

Wintermaske

Gegen extrem trockene Haut hilft eine Mixtur aus 2 EL Honig, 1 Banane und flüssiger Schokolade (zwei Rippchen).

Die Schokolade schmelzen und mit dem Honig und der zerquetschten Banane verrühren. Auf Gesicht und Dekolleté auftragen und nach zehn Minuten wieder abwaschen. Macht schöne weiche Haut! Aber Vorsicht, das Gemisch riecht so lecker, dass man am liebsten davon kosten möchte.

Eine wirkungsvolle Variante: Geben Sie statt der Banane zwei TL ungemahlenen Mohn dazu und verwenden das ganze erst als Peeling und lassen es noch für mindestens zehn Minuten einwirken. Danach wie gewohnt abwaschen.

Viele Firmen verkaufen mittlerweile Massagebars, Cremes und Duschgels mit Schokoduft und echtem Kakao. Der Gebrauch verführt mich meist, danach Schokolade zu essen. Deshalb möchte ich Sie vorwarnen: Sie sollten bei kosmetischer Anwendung von Schokolade immer auch etwas Essbares im Haus haben!

ISBN-10: 3-359-01659-9
ISBN-13: 978-3-359-01659-5

Neue Grünstraße 18, 10179 Berlin
Umschlagentwurf: ansichtssache – Büro für Gestaltung, Berlin,
unter Verwendung eines Fotos von designhaus berlin GbR
Druck und Bindung: Druckhaus Mitte, Berlin

Die Bücher des Eulenspiegel Verlags
erscheinen in der Eulenspiegel Verlagsgruppe.

www.eulenspiegel-verlag.de